JN000278

ブレイクスルーブランディング®

株式会社ビスポーク　代表取締役

長田敏希

CROSSMEDIA
PUBLISHING

目の前に立ちはだかる
課題や問題の壁を
突破したい。

と悩んでいる、あなたへ。

予算が少なくても、
リソースが足りなくても、

目的に焦点を定めれば、
そこに小さな穴があき、

希望の光が見えてきます。

はじめは小さな希望でも
焦点を当て続ければ
次第にその可能性は広がり、

自分たちの目指したい道が
見えてきます。

例えば、

毎日配達に追われていた
街のお米屋さんが、
「独自の道」を切り開き、

テレビ・雑誌の出演・取材依頼が相次ぎ、
各業界から注目を集めるようになった

事例があります。

小池精米店さん

○ 取り組み後**売上300%UP**

○ パッケージデザインにおける世界で最も権威のある
デザインコンペティション
「Pentawards」でブロンズ賞を受賞

○ TV、雑誌、新聞、ラジオ、講演などの**出演依頼が相次ぐ**

オニのコときなこ

市場が縮小する業界の中で
駄菓子メーカーさんが、
「独自の道」を切り開き、

某大手スーパーお菓子売り場の
最高売上をぬりかえた

事例があります。

鈴ノ屋さん

○ 某大手スーパーで、**3か月で21万袋完売**

○ 某大手スーパーで、**史上最高の販売数**を記録 ※駄菓子売り場

○ (一財)ブランド・マネージャー認定協会主催の
　ブランディング事例コンテストで、**優秀賞を受賞**

山奥で工場を営む
後発の稲庭うどんメーカーが、
「独自の道」を切り開き、

海外でのうどんの市場価値を上げ
世界34か国に輸出展開した

事例があります。

稲庭うどん

◎

小川

稲庭うどん 小川さん

○ 国内の取引 取り組み後、新規取扱店舗 **約3000店舗拡大**

○ 輸出国 15か国が**34か国**に　輸出事業の**売上390%UP**

○ **新東北みやげコンテスト 入賞**

立ちはだかる壁を一つひとつ突破し、
「独自の道」を切り開いてきた
みなさんには、

ある一つの共通点がありました。

それは、

想いのこもった対話を
大切にしていたことです。

「対話」を重ねることで
「想い」が気づきに
「気づき」がアイデアに
「アイデア」が戦略に変わり

その戦略を具現化することで
独自の道を切り開くための
「ブレイクスルー」を
次々と起こしていけるのです。

はじめに

　本書を手に取っていただき、ありがとうございます。
　株式会社ビスポークの長田敏希と申します。

　今まで、大手企業から中小企業まで100社を超える企業のブランディングの支援をしてきました。
　特に私が積極的に取り組んでいるのが、ブランディングは自社とは関係ないと考えていたような中小企業のお手伝いをすることです。
　全国には、特別な想いを持ってユニークな活動をされている企業が本当にたくさんあります。しかし、それがお客様や社会にうまく伝わっているかというと、そうではないケースがほとんどです。私はそのことを非常にもったいないと思っていまして、どうにかできないかと試行錯誤してきました。

・目先の数字に追われる
・いいものをつくっているのに売れない
・潤沢な広告予算が取れない
・社員が数人しかおらず、人手が足りない

・経営層と社員に溝がある
・関係会社の意向に振り回される

　といった多くの問題を企業は抱えています。これらの問題を解決し、自分たちの想いやビジョンを実現しながら経営的にもうまくいく方法、それがブレイクスルーブランディングです。
　冒頭で紹介した、三代目小池精米店、きなこ棒の鈴ノ屋、稲庭うどん小川は、まさにそのいい例だと思います。

　ブランディングと聞くと、
「高級品を扱う一部の企業がおこなうもので、自社は関係ない」
　という印象を持たれる方が少なくありません。

　しかし、**私はブランディングをしていない企業はないと思っています。すべての企業活動は、ブランディングにつながります。**
　何気なく使っているホームページや名刺、会社案内。日々の営業活動、お客様対応、関係会社との打ち合わせ。これらの活動により、ある意味ブランディングはおこなわれているのです。

意識せずとも、すべての企業にはブランドがあるのです。

　それなのに、もし、あまり意識してないとすれば、非常にもったいないことだと思います。

　ブランディングを説明するとき、ボコボコの虫眼鏡と普通の虫眼鏡のたとえを用いることがあります。

　左の図だと、光は散漫になり強い力を持ちませんが、右のように1点に集中するとものすごいエネルギーが集まりますよね。これと同じように企業の魅力を「ある1点」に絞り込むことで、お客様の記憶に強く残るのです。そして認知度が上がるにつれて、さらにやりたいことができるようになっていく。この循環する仕組みをつくるのです。

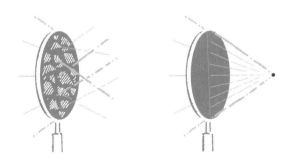

　どこに絞るかというと、「チームの想いと、企業の強みと、顧客のニーズが1つに重なる点」です。そのときに重要になるのが、対話の質と量です。経営者同士の対話、経営層と社員との対話、関係会社との対話、顧客との対話。この対話がブレイクスルーブランディングには、必要不可欠なものだと考えています。対話によって、社長の想いが現場社員に広がり、関係会社に広がり、最終的に顧客に届きます。**想いは戦略になる**のです。

　経済学者のシュンペーターは、イノベーションについて「これまで組み合わせたことのない要素を組み合わせることによって、新たな価値を創造すること」という言葉を残しています。
　イノベーションというと、「電話＋パソコン＝スマホ」のように、コトとコトの組み合わせというイメージが強いですが、人と人の出会いもイノベーションの種になると私は考えています。普段あまり交わることのない経営層と現場社員の対話や、部門を超えた社員同士の対話の掛け算からその企業の新しい未来が切り開けるのです。

またブランディングプロジェクトがうまくいかない、進まないという話もよく聞きます。ブランディングには社内外問わず反対意見がつきものです。

　私はこういった障壁を、ブランディングの壁と呼んでいます。実際におこなう際は、事前に壁を見据え、対策する必要があります。その壁を越える際に、対話が大きな役目を果たすのです。どう対話したらいいかに関しては、本書の中で事例なども挙げながらお話ししていきます。

　本書は、「ブランディングって何？」といった方でも理解できるように、なるべく基本からお話しすることを心がけました。[※]ブランディングの全体像を示しながら、事例も豊富に紹介していきます。また、プロジェクトが頓挫してしまう原因となる壁、そして対策に関しても詳しく解説します。

　また本書の構成は、次のとおりです。

　第1章では、お米屋さんの事例をストーリー形式でお話しします。その経営者の方も最初はブランディングに対する知識がほとんどないところからのスタートでした。そこから具体的に何

をしたのかを詳細にお伝えします。

　第2章では、ブレイクスルーブランディングの概要について説明します。一般的なブランディングと何が違うのか？　何が重要なのか？　ブランディングでうまくいきにくいところはどこか？　など、重要なポイントをお話しします。第3章から第4章は実践編です。

　第3章はいかにして多様な社内の想いを1つにまとめ、言語化するかを具体的なステップとノウハウをお伝えします。

　第4章は、その1つになった想いをブランドとしてどうやって拡散するか？　について説明します。デザインの考え方からＰＲまで、事例を用いて解説していきます。

　第5章は、ブレイクスルーブランディングを実現した3社に登場いただき、私がインタビューした模様をお伝えします。

　では、小池精米店さんのお話から始めていきましょう。

※本書で記載している「ブランド体系図」「ブランド・アイデンティティ」「ブランド要素」などは、一般財団法人ブランド・マネージャー認定協会ベーシックコース・アドバンスコーステキストを参考にしています。

目次

第 1 章

お米屋さんの店主が
メディアや講演会に
引っ張りだこに
なるまで

原宿の「ありふれたお米屋さん」が
巻き起こしたブレイクスルーストーリー

　東京・原宿で90年にわたり事業を営んできた「小池精米店」が、代替わりを迎えて間もない2011年。新たな代表となった小池理雄さんとご縁ができ、ブランディングをおこなうことになりました。ご支援に入った当時は、失礼ながら"どこにでもあるお米屋さん"という印象でした。

　ところがプロジェクトを終えて生まれ変わった「三代目 小池精米店」は、"従来のお米屋さん"とは一線を画す、存在感と活動内容に変化していったのです。以前は、注文をとるために毎日バイクを走らせ、営業に忙しくしていた小池さんでしたが、今ではお米農家さんや飲食店、行政からの依頼が来るようになり、「小池さんの話が聞きたい」と全国からイベントやセミナー、テレビや雑誌など、あらゆるメディアからの取材依頼に追われています。

　「ひるブラ」（ＮＨＫ）「ヒルナンデス」（日本テレビ）「じゅん散歩」（テレビ朝日）「世界ふしぎ発見」（ＴＢＳ）「林修のニッポンドリル」（フジテレビ）、炊飯器のCMにも出演を果たしました。

　ユニークな活動が広がるにつれ、お店の売上はおよそ3倍に伸びました。結果として「小池精米店」のプロジェクトは、ブレイク

スルーのエッセンスが詰め込まれた、好事例となったのです。目標を達成する上で欠かせない内容も合わせて、プロセスをたどっていきましょう。

お米市場の縮小による 「経営危機」を突破した、真っ直ぐな「想い」

　訪れた小池精米店は、JR原宿駅から徒歩10分ほど。神宮前交差点の路地をしばらく歩くと小さなお米屋さんが見えてきます。小池さんは、家族ともう1人従業員を雇って、店舗を切り盛りしていました。**私たちのブランディングは、丁寧な対話を積み重ねながら自社の本質的な魅力を見つけ、それを揺るぎない軸作りにつなげていきます。**特に大切にしているのは、現地の様子や、現場で働いている人の声を一つひとつ集めていくことです。

小池さんからこれまでの経緯をお聞きしたところ、以下のような内容がわかりました。小池さんは、人事関連コンサルティング会社に勤務していた中で、急遽お父様が体調を悪くし、跡を継ぐことになったこと。さらに帳簿を見て将来的にやっていけるか大いに不安になったこと。本格的にお米について勉強しはじめたばかりということ。常連客だけの売上に頼っていたこと。顧客の新規開拓がうまくいかないこと。

　そんな中でもお米の魅力を伝えようと、地元のカフェでお米ゼミを始めながら、「1キロ〇〇円」で売るお米だけでなく、ギフトになる新商品をつくりたいと考えていました。

　そうしたお話をうかがう中で、お店の成長につながるキラリと光る魅力、心をとらえる要素がいくつもありました。例えば、小池さんの明るくポジティブな性格や、前職で身につけたスキル、従来のお米屋さんにとらわれない柔軟な発想などです。

　また、その背後にあるストーリーにも、いくつもの驚きを感じました。ひとつはお店の歴史です。小池精米店がある東京都渋谷区神宮前は、ファッションブランドの旗艦店が建ち並ぶ、洗練されたイメージが強いエリア。そのような場所にお米屋さんとは、ミスマッチだと思っていましたが、お店の歴史をうかがうと、かつてこの一帯は穏田という地名で、のどかな田園風景が広がり、江戸時代には葛飾北斎もその光景に目を止め、富嶽三十六景のひとつ「隠田の水車」という作品を残したほどです。小池精

米店が創業した1930年当時は、その土地柄も色濃く残り、実に十数店舗のお米屋さんがあったといいます。

　ところが法改正によってお米屋さん以外でもお米が買えるようになったこと。原宿に店舗やオフィスが増え次第に人々が「暮らす街」ではなくなったこと、そして日本人の食生活が変化し、お米離れが進んだことによって、現在、原宿では「小池精米店」の1軒になってしまいました。

　こうした状況に小池さんは、危機感を覚えていました。そしてお店の存続を不安に思うと同時に、「このエリアの米屋を絶滅させたくない」「美味しいお米を食べる幸せを、もっとたくさんの人に味わってほしい」「お米の豊かな魅力をもっと知ってほしい」という気持ちを強くしていったのです。

　もうひとつ、小池さんの内面には強いテーマが存在していました。事業承継して間もなく東日本大震災があり、お米の買い占

めや買い溜めが起こりました。流通も滞り、お米を買いたいというお客様に売るお米がない——。

　そんな日々を過ごす中、「自分はなぜお米屋さんをやっているのか」「原宿でお米屋さんをやることに、一体どんな意味があるのか」「今後、どうしていったらいいのか」。そんなふうに、お米屋さんとしての存在意義を自問するようになっていったのです。

　対話の中で浮かび上がってきたこれらの想いをさらに掘り下げ明確にするため、私たちはワークショップ（対話型ディスカッション）をおこないました。

「デザイン」から始めるのではなく、
"経営者の物語と想い"を起点にする

　ワークショップのメンバーは、小池さんと私、そして2人を引き合わせてくれた株式会社honshokuの平井巧さん。彼は私と同じ広告代理店勤務を経てフードプロデューサーを志し、当時はその一環として原宿にカフェをオープンしていました。実は小池さんがそのカフェに飛び込み営業をしたのが出会いとなり、小池さんは彼のカフェで小さなイベント、「お米ゼミ」をおこなっていたのです。総勢3名の、密度の濃いワークショップでは、最初に小池さんが想い描く「理想の社会」を、植物などのモチーフにたとえてイラストで表現してもらいました。

　このやり方に小池さんは少々面食らったようですが、もちろんこれには理由があります。シンプルなインタビューだけではなく何か別のものにたとえることで、普段言葉にしないような具体的な表現を引き出すことができます。というのも通常、人は既成概念や常識

などに知らず知らずとらわれています。

　例えば「今後このお店を通じて、人々に何を提供したいですか？」と質問しても、つい使い慣れている言葉で語ってしまいがちです。それでは、あらたな概念が浮かび上がっていたとしても具体的に言語化できず、きちんととらえることが難しいのです。

　そのため、絵を描いてもらったり、たくさんの写真やイラストサンプルを手掛かりにしたりするなどして、普段では気づきにくい視点や、想いを発掘していくのです。ほかにも「自分の人生で、もっとも印象的な8つの出来事は何ですか？」など、自分自身をじっくり見つめ直すための質問を重ねました。

「迷いのない想い」が突き動かす活動は顧客の心に響く

　こうした作業を繰り返し、私たちは「何のためにお米屋さんをやるのか」「お米屋さんという事業を通じて何を実現したいのか」を少しずつ明確にし、それを小池精米店の「ビジョン」「ミッション」「ブランド・アイデンティティ」という形に集約しました。

　私たちは、それぞれの言葉を

小池精米店のビジョン、ミッション、ブランド・アイデンティティ

| Vision 目指す将来像 | 日本の農業と日本の食生活を応援したい |

| Mission 使命 | 生産者と生活者の架け橋になる |

+

| **ブランド・アイデンティティ** 産地直米、お米を楽しく。 |

①ビジョン：目指す将来像（自社の事業を通してどんな社会にしたいのか？）
②ミッション：（ビジョン達成のために）担う使命
③ブランド・アイデンティティ：自社のブランドを顧客にどのように思ってもらいたいかを表す言葉

と定義しています。

　小池精米店のビジョンは「日本の農業と日本の食生活を応援したい」、ミッションは「生産者と生活者の架け橋になる」、これは「聞こえのいい言葉の羅列」ではなく、小池さんの心からの想いを言語化したものです。

　それぞれ言葉にすることで、社員の理解も深まり、ビジョンに向かった主体的な行動に結びついていきます。

３つの視点で、
俯瞰的に"自社の魅力"を再発見する

　ビジョン・ミッションは、実現したい将来像の言語化ですが、**ブランド・アイデンティティは、自社のビジネスを好循環させながらそこにたどり着くための具体的なコンセプト（指針）になります。**詳細は後述しますが、まずその指針づくりのために重要なのは、**自社が優位に立てる市場を発見すること**です。まずその市場を見つけるためには以下の3つの視点で俯瞰的に見定める必要があります。

　ひとつは「Company（自社）」。次に「Customer（顧客）」、最後は、「Competitor（競合）」です。それぞれの頭文字を取った「３C分析」というマーケティングフレームを活用することで、競合が参入しづらく、自社の特徴と顧客のニーズがきちんと重なっている、市場機会（ビジネスチャンス）を客観的に判断することができます。フレームワークはただ活用すればいいわけではなく、使い方によって結果が異なります。

　私たちは、さまざまな部署を横断して人を集め、多様な価値観、意見を活用する**「対話型３C分析」**を実践しています。そうすることで、より幅広い情報が手に入り、確度の高い市場機会の発見につながります。

具体的には「自社」の強みと弱み、「顧客」の顕在ニーズと潜在ニーズ、直接的な「競合」と間接的な「競合」の強みと弱みを把握するため、データを収集して分析するほか、いくつもの質問を投げかけながら意見交換をおこないます。

　例えば、「お客様にどんなことをよく褒められますか？」「自分ならどんなお米屋さんに行きたいと思いますか？」「あのお米屋さんには敵わない、嫉妬するところはどこですか？」など、具体的に質問することで、考えや気持ち、アイデアを出していきます。そして整理された情報を、３Ｃ分析のシートに落とし込んでいきます。すると、いくつか重要な事実が浮かび上がってきました。思わぬ発見は「自社の『強み』だと思っていた要素が、競合も持っている要素だったので、差別化ができていない」「本当の『強

3C分析シート

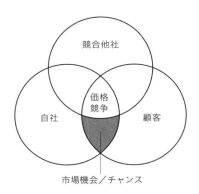

自社　＊強みは何か？
　　　＊弱みは何か？
競合　＊直接的な競合はどこか？
　　　＊間接的な競合はどこか？
　　　＊競合の特徴は何か？
顧客　＊顕在ニーズは何か？
　　　＊潜在ニーズは何か？

み』として機能していない」ということでした。

　具体的には、小池精米店では「少量販売」「精米の分づき割合を指定できる」「生産者の顔が見える」といった点が強みの要素として挙げられましたが、これらは他店でもおこなわれているサービスでした。逆に他店では、小池精米店ではおこなっていない「酒などの関連販売」をしているケースもみられました。またもうひとつの視点として、大きな強みとなる「原宿という立地」を、充分に活かせていない現状も明確になりました。

　一方、お米屋さんに対する顧客のニーズとしては「『生産者の顔』にプラスして『生産者のこだわりの声』も聞きたい」「美味しい炊き方、食べ方を教えてほしい」「お米と合わせたライフスタイルの提案があると嬉しい」など、もっとお米の新しい一面を知りたいということが挙げられました。

　これらを実現すれば、「スーパーではなく、わざわざお米屋さ

んで買う意味」「小池精米店で買う意味」を生み出すことができます。**そのようなニーズから小池精米店の市場機会は「お米をもっと楽しむ市場」としました。**

　ここで注意したいのが、下の図のように「売れている」競合他社の強みを表面的に真似してしまうことです。自社の強みを考えずに、他社の売れている商品や流行っているサービスに似せてしまうと、自社の強みが活かせないため、失敗につながりやすくなるのです。気づかないうちにこのような状態に陥っている会社が多いように思います。

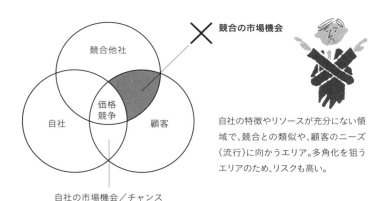

競合の市場機会

競合他社

自社

価格競争

顧客

自社の市場機会／チャンス

自社の特徴やリソースが充分にない領域で、競合との類似や、顧客のニーズ（流行）に向かうエリア。多角化を狙うエリアのため、リスクも高い。

想いの先にある独自性を
3つのキーワードに

　私たちはこのような過程を経て定めた、「お米をもっと楽しむ市場」の中で、より小池精米店が独自性を追求していくためのキーワードとして以下の3つの要素を選びました。それが**「産地直米」「お米を楽しく」「生産者と生活者の架け橋になる」**です。

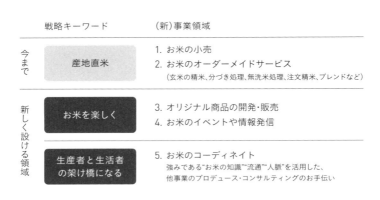

	戦略キーワード	（新）事業領域
今まで	産地直米	1. お米の小売 2. お米のオーダーメイドサービス （玄米の精米、分づき処理、無洗米処理、注文精米、ブレンドなど）
新しく設ける領域	お米を楽しく	3. オリジナル商品の開発・販売 4. お米のイベントや情報発信
	生産者と生活者の架け橋になる	5. お米のコーディネイト 強みである"お米の知識""流通""人脈"を活用した、 他事業のプロデュース・コンサルティングのお手伝い

　どの業種でも、市場が成熟して商品・サービスの差別化が難しい状況にありますが、そこで独自性を発揮し差をつけるには、自社の魅力を複数掛け算して、いかに顧客のニーズと結びついた、魅力的な市場機会を創り出せるかがポイントになります。
　小池さんの場合、今まではお米の小売、卸でありましたが、オ

リジナル商品の開発・販売、お米のコーディネイト、他事業のプロデュース、コンサルティングという新たな市場を広げていくことが可能となりました。

「産地直米」は、フレームワークで明らかになった〝製品優位性〟から導き出したキーワードです。

　通常、お米の流通はＪＡ（農業協同組合）を通すことが主流ですが、小池さんは自らの足で生産者のもとを訪ね、強力なパイプと信頼関係を築いています。そのため産地直送でお米を取り扱うことができ、これが大きな強みになります。

　また直接の取引をおこなうことで、生産者の顔はもちろん、生産者の声をお客様に届けることができます。どのような生産者が、どのような想いでつくったお米なのか。そして、どのような個性を持ったお米で、どうすればより美味しく食べられるのか。そういった情報が得られれば、お客様は特別な価値を感じてくれるでしょう。小池さんは、お米の現場に行き信頼できるお米のみ取り扱っています。ここを打ち出すことにしました。

　2つ目の**「お米を楽しく」**は、やはりフレームワークで明確化した〝顧客の潜在意識〟から抽出したキーワードです。

　顧客の心理として「安いお米でかまわない」「味の違いはよくわからない」「コシヒカリを買えば間違いない」という意見が出ている一方で、「もっと美味しくお米が食べられる炊き方を教えて欲しい」「卵かけご飯に合う最高のお米が欲しい」「〇〇料理に

合うお米をプロに選んで欲しい」など顧客の声から「お米を楽しく」は生み出されました。

　もうひとつの**「生産者と生活者の架け橋になる」**は、〝ミッション〟から抽出したキーワードです。

　生活者サイドには、食文化の変化によってお米の消費が減っているという課題があります。一方、生産者サイドには、高齢化による耕作放棄地の増加、輸入米の流入などの課題があります。それらをただ放置するのではなく、両者の間に位置する自分が働きかけ、消費を活発にすることで、少しでもよい変化を巻き起こしたいという小池さんの想いがベースになっています。この「産地直米」「お米を楽しく」「生産者と生活者の架け橋になる」という言葉は、今後の事業領域の再定義にもつながる重要なキーワードなのです。

現状の立ち位置と、目指したい場所を明確にする「ポジショニング」

　これから目指していく独自の領域を、わかりやすく可視化するために「ポジショニング」というフレームワークを使っていきます。

　ポジショニングは、競合と比較しながら、自社の独自の立ち位置を狙っていく手法です。加えて私たちの場合は、**「自社の現状の立ち位置」**と、**「これから目指したい方向」を矢印で結びながら、その過程で、どんな壁（課題）があり、どのように突破していくのかを言語化する**プロセスを必ずおこないます。

　現状の小池精米店のポジショニングは、「実直・真面目」という立ち位置でしたが、これからの小池精米店の目指したい方向は「お米を楽しく」を伝えられる存在になることと設定しました。

　この新たなポジションにたどり着くための、今後起こりうる課題をリスト化し、一つひとつ丁寧に解決していくことで、他社がそう簡単に真似することができない立ち位置を確立できるのです。

　この「ポジショニング」で設定した2軸のキーワード（お米の伝道師＋楽しく・ユニーク）を活用して「ブランド・アイデンティ」を導き出していきます。

ポジショニング

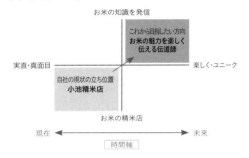

お米の知識を発信

これから目指したい方向
**お米の魅力を楽しく
伝える伝道師**

実直・真面目 ———————————— 楽しく・ユニーク

自社の現状の立ち位置
小池精米店

お米の精米店

現在 ◄————————————► 未来

時間軸

目指したい方向に
行くための課題のリスト化

・お米の販売に留まらず、お米
　の楽しさを伝える発信を常に
　行う必要がある
・お米の楽しさを伝える体験
　を提供する必要がある
etc...

　「ブランド・アイデンティティ」は、ブランドのコンセプト、つまり簡単にいうと「顧客にどのように思ってもらいたいか?」をまとめた言葉です。自社が顧客に対してどのような姿勢で向き合うのか、どのような具体的なビジョンの実現を目指しているのか、他社との違いはどこにあるのかを簡潔な文章でわかりやすく表現します。**小池精米店のブランド・アイデンティティは、「お米の魅力を楽しく伝える伝道師」と決まりました。**

　この言葉を「判断軸」に、新たな小池精米店を形作るさまざまなブランド要素をつくっていきます。

　さて、ここまで対話やワークショップを重ね、最初は漠然としていた「想い」やおぼろげだった自社や事業の「課題」「理想」が明確になり、それを言語化して集約するところまでたどり着きました。

ここから先は、結晶化した「ブランド・アイデンティティ」を視覚化して、社名やロゴ、広告宣伝、商品などさまざまなブランドのアイテムに反映させていきます。下の図は代表的なブランド要素です。

　実はブランディングを意識していない企業によくみられることなのですが、小池精米店も、ロゴや名刺デザイン、ホームページなどに、イメージの統一性、メッセージの統一性がありませんでした。これらに一貫性を持たせ、強い印象をお客様に残すように発信していきます。

代表的なブランド要素

1	ブランド名	6	タグライン
2	ロゴマーク、ロゴタイプ	7	ジングル、音楽
3	色	8	ドメイン(URL)
4	キャラクター	9	匂い
5	パッケージ、空間デザイン		

※参考：(一財)ブランド・マネージャー認定協会　ベーシックコーステキスト「ブランド要素」

想いをダイレクトに「視覚化」して
目を引く商品・お店になる

「ブランド・アイデンティティ」を視覚化するにあたって、私たちはまず「イメージマップ」を作成しました。これは最適なイメージ、つまり世界観を探し出すための作業です。

　お米屋さんは日本古来の事業ですから、基本的に「伝統的」というイメージがあります。そしてその対極である「革新的」というイメージをピックアップし、ひとつの軸（度合いを測るものさし）を設定しました。

　さらに、ユニークな取り組みをしている競合店について調べると、歴史や伝統を非常に大事にしているイメージで展開していることがわかりました。そこで小池精米店は、対極の繊細かつ上品なイメージとあわせ、もうひとつの軸を設定。

　そして、この「伝統的─革新的」「力強さ─繊細さ」という縦横の軸をもとにマップをつくりました。

　マップ上で、競合がどこにいるかを書き込みます。すると競合との差別化を図るにはどの位置が最適であるかが示されます。

　小池精米店が狙うイメージは、**「革新的×繊細さ」**としました。

　さらに、その表現にふさわしいイメージを具体的に固めるため、たくさんの写真サンプル、イラストサンプル、カラーサンプ

イメージマップ

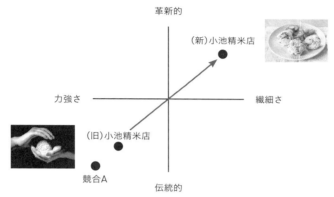

写真提供：Adobe Stock

ルを参照し「この感じ」とイメージを共有。これをもとに、まずは
ロゴマークをつくりました。

　ロゴマークは、今後の小池精米店の旗印です。「ブランド・アイ
デンティティ」をしっかり反映して、お客様がそこからメッセー
ジを感じ取り、ポジティブな印象を持ってもらえることが大切
です。

　その一環として、私たちは屋号を「三代目 小池精米店」に変更
しました。またデザインについては、100年以上続いていく企業
を目指していますから、時代の変化によって価値が損なわれな
いことを意識しました。

ワークショップで合意した条件をもとに、私たちがラフ案を数十点制作。以下の2つは、その一部です。

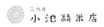 

　それを数点に絞って検討して、最終的に決定したロゴマークが次のページのものです。

　日本列島を、カラフルなグラデーションに染めた米粒で表現しました。全体の色は、楽しく、繊細かつ上品で優しく、そして光のような透明感を感じさせる淡い色調にしました。

　この米粒は、一つひとつ形が異なります。店主である小池さんが47都道府県の代表的なお米を選び出し、それぞれの米粒をトレースしてデザインしています。そして色とりどりの47色が、お米の個性の豊かなバリエーションを表しています。

　またロゴマークの屋号の部分は筆文字ですが、これも既存の書体は使わず、書家の方に依頼して、唯一無二のオリジナルのものを作成しました。

　仕上がったロゴマークは、小池精米店の「ブランド・アイデン

ティティ」、そして3つの戦略キーワードである「産地直米」「お米
を楽しく」「生産者と生活者の架け橋になる」を具現化していま
す。さらにイメージマップで設定した「革新的」かつ「繊細さ」を
体現することもできたと思います。

ブランドの顔＝店主の衣装にも
ブランド・アイデンティティを反映する

　このロゴマークを使用して、名刺などの事務用品、販促物、そしてお店の顔である小池さんの衣装（仕事着）をつくりました。できあがった名刺を使用するようになった小池さんは「名刺交換をするたびにかならず話のネタになる。大活躍ですよ」「名刺ひとつにもこれだけの力があるんですね」と驚いておられました。

ブランドの旗印となる
〝ブレイクスルー商品・サービス〟の開発

　次に私たちが取り組んだのは、「ブランド・アイデンティティ」を象徴する新商品の開発です。小池精米店は選りすぐりのお米を取り扱っていましたが、ブランドのイメージを牽引するような、象徴的で、他店との差別化が明確な商品がなかったためです。

　自社で扱う商品やサービスなどのコンテンツを、ブランドにおける役割によって3つのカテゴリーに分類して、現状でそれらの役割を充分に果たせているかを確認します。

◇「メイン商品」……売上・利益を生み出す
◇「サポート商品」……売上・利益をサポートする
◇「ブレイクスルー商品・サービス」……ブランド・アイデンティ
　を体現するシンボル商品・サービス、またはプロジェクト

　小池精米店では、「メイン商品」は選び抜いた各銘柄のお米、そして「サポート商品」はブレンド米や玄米・精米などのオーダーメイド米です。残りのひとつは、まだ確立できていない状況でした。
　そこで、はじめての「ブレイクスルー商品」として、新商品の開発に取り組んだのです。

東北の農家を応援する
「6県のお米詰め合わせギフト」がヒットした理由

　小池さんには「大打撃を受けた東北の震災以降、必死に頑張っている農家さんを応援したい」「新しい商品や売り方にチャレンジしたい」「お米のギフト商品を創りたい」という想いがありました。そこで〝小池精米店らしさ〟を端的に表現した、東北6県のお米、2合ずつの詰め合わせギフト商品を創りました。

　商品名は「あ・さ・ひ・ま・つ・光」。6県を代表するお米の銘柄から、一文字ずつを集め「どんな時代であろうとも、あさひは上に、昇っていく」という意味をこめてつけた名称です。また、こうして名づけたことにより、一体となった新たな価値が生まれます。
　各お米のパッケージには、それぞれの県の形をその県のお米で形づくった写真を使いました。ちなみに商品名の「あ・さ・ひ〜」の「・」も、ひと粒のお米の形をしています。そしてカラーは、ロゴマークに採用した色調と統一性を持たせ、かつ朝日が昇るイメージを体現しています。
　この商品は発売後、ありがたいことに大きな反響を受けました。テレビ、女性誌、ウェブメディアをはじめ、『ぐるなび』では「秘書が選ぶ手みやげ」に選出されるなど、さまざまなメディア

あ・さ・ひ・ま・つ・光

で好意的に紹介していただくことができたのです。

またパッケージデザインも、国際コンペティションの
「pentawards」銅賞や、ドイツ最大級のプロダクトデザイン賞
「iFデザイン賞」の受賞、日本パッケージデザイン賞入選など、よ
い評価をいただくことができました。

売上については、決してメイン商品やサブ商品をしのぐもの
ではありません。でも小池精米店の「ブランド・アイデンティ
ティ」を色濃く表現したこの商品は、小池精米店が向かっていき
たい方向を指し示すために効果的でした。

┃「創って終わり」ではなく
┃ コミュニケーションをマネージメントする

ブランディングは、「制作物をつくれば終わり」ではありませ
ん。むしろここからが、実際の成果を大きく左右します。

まずたくさんの人々に自社を知っていただき、好意的な印象
を持ってもらう。

その後も、自社とのさまざまな接点で想いを感じる体験を重
ねてもらう。そして、その体験の中でイメージを高め、共感や愛
着を深め、結果として自社ブランドを選んでもらうようにな

る。この目的に向かって、お客様の体験を設計、実行していきます。それには〝伝えること〟そして〝伝える機会をつくること〟が必要です。

　ビジネスにおいて、この〝伝える機会〟を「顧客との接点（タッチポイント）」といいますが、現在、もっとも重要な接点のひとつは、インターネットの公式ホームページです。

　小池精米店は、すでに公式ホームページを作成していましたが、イメージの統一性が欠けていたり、閲覧者が求めている情報を探しにくかったり、興味を引くコンテンツが充分ではなかったり、課題がいくつかありました。そこで、新たに確立した「ブランド・アイデンティティ」をもとに、大規模なリニューアルをしました。

　ウェブサイトの構築では、閲覧者の意思や行動の流れを考慮してページを組み立てることが重要です。

　情報を求めている人には、大まかに「探す」→「調べる」→「裏づけをとる」→「行動する（商品を買うか具体的に検討する）」→「疑問を持つ（買う判断が正しいか確証を求める）」→「接触する（問い合わせなどをする）」という流れが想定されます。これを考慮して、閲覧者がスムーズにステップを進み、納得・満足して目的を果たしてもらえるようページを構築します。そして顔となるトップページでは、ブランドを明確に表す「印象」と、過不足のない「情報」の両方を、デザインとコンテンツによって実現します。

興味、共感、満足、楽しさ、
好意を生むホームページを構築しよう

　トップページの左上にはブランドの旗印であるロゴマークを据え、コンテンツ部分の上部には目立つように「小池精米店とは」「商品紹介」「あ・さ・ひ・ま・つ・光」のボタンを置きました。「商品紹介」のボタンから進むページには、取扱商品の一覧だけでなく、最上部に「米屋の食卓」という小さなビジュアル企画を入れ込みました。

　また「米屋の食卓」の下に並ぶ生産者さんの名をクリックすると、そのお米の味や粘り、香りのチャートをはじめ、生産者さんの情報やメッセージにつながります。

　そしてトップページ上部にあるもうひとつの「あ・さ・ひ・ま・つ・光」のボタンから続くページでは、どのような想いをこめてこのギフト商品をつくったかをしっかり伝え、商品の購入までおこなえるようにしておきました。

　そしてトップページ中央部には、「お知らせ」「催し物」「Facebook」のウィンドウを置きました。

　小池精米店が多彩な活動をおこなっていることが伝わります。そして興味を持ってクリックしてもらえれば、先のページにはユニークなコンテンツが控えています。

ブランディング前のデザイン

ブランディング後のデザイン（リニューアル後）

大きな予算をかけずに、
メディアが取材したくなる仕組みをつくる

　ブランディングといえば、多額の投資をして広告・宣伝に注力することが欠かせない、というイメージが一般的ですが、三代目小池精米店のケースでは、潤沢な広告予算をかけていません。それでも、メディアから引っ張りだこの存在になったのです。

　うまくいった理由のひとつは、リソースを集中させたことにありました。小池さんの場合は、「お米を楽しくする伝道師」というブランド・アイデンティティに沿う形でSNSやネットメディアに注力したのです。

　小池さんには、お米に関する楽しい話題や、お米の食べ比べイベントなどのユニークな活動について、ブログやFacebookなどのSNSで一貫性をもった情報を伝え続けてもらいました。

　継続的に活動することで、次第に認知は広がり、理解者、共感者となってくれる方が増えていきました。そういった方々の中には実際にイベントに参加し、終了後にはその様子をご自身のSNSで好意的なメッセージとともに発信してくれる方も少なくありませんでした。

　その中でも「お米人事評価」のコンテンツは、「味分析」も最先端の「スーパー米屋」として「Yahoo!ニュース」に掲載されまし

た。ほかにも閲覧者が多い他社のウェブメディアや雑誌で紹介される機会が重なり、それもよい後押しになったと思います。

　このような活動を継続するうちに、お米に関連するワードでネット検索をすると、まず三代目小池精米店、あるいは小池さんの情報がヒットする、という状況をつくることができました。検索エンジンで「精米店」と検索すると「小池精米店」は一番上に表示されます（2023年4月現在）。つまり、さまざまなメディアや企業が「お米に関して情報がほしい」「楽しい話題はないか」「専門家はいないか」と探すと、まず小池さんが見つかる状態がつくれたのです。そして小池さんのメディア活動がブログやＳＮＳ、メディア記事を通じてまた多くの方々に知られ、三代目小池精米店の認知度がいっそう高まります。この好循環が、ブランドパワーを強固にしてくれました。

広告塔として活躍してくれた
ブランドを象徴する新商品

　メディアで売れっ子になったもうひとつの理由としては、ブレイクスルー商品「あ・さ・ひ・ま・つ・光」の豊富なメディア露出の影響も挙げられます。

　お伝えしたとおり、この新商品はテレビ、女性誌、数々のウェブメディアをはじめ『ぐるなび』の「秘書が選ぶ手みやげ」に掲載されるなど多くのメディアに取り上げられ、ブランディング後のよいスタートダッシュを切ることができました。

　認知が浸透していくにつれ、小池さんの活動はどんどん領域を拡大していきました。さまざまなメディアから取材依頼が舞い込み、お店やイベントなどが紹介されるだけでなく、お米の専門家としてさまざまな役割を求められるようになったのです。

　一般社団法人おにぎり協会の公式ホームページでは、「おにぎり協会クイズ　お米を知ろう！」を連載。また「ごはん検定」公式テキストの執筆・監修を担当。雑誌でも、お米に関するコラムの連載のほか、経験をもとにブランディングについての連載も始めました。

　ほかに炊飯器のメーカーからは、製品開発の協力依頼。ＪＡからは、農家さんを対象としたセミナー講師の依頼。またcookpad

が食育をテーマにした絵本の頒布を企画した際、小池さんが要請を受けて絵本の監修を担当しました。

　さらに、お米に対する豊かな知識だけでなく、軽妙な話術とキャラクターが好まれ、テレビのバラエティ番組などにもお米の専門家として度々、出演するようになりました。普通の〝お米屋のおじさん〟が、一躍お米界を代表する顔として、マスメディアに頻繁に登場するまでになったのです。

▎〝お米屋さんの在り方〟を根底からくつがえす存在になる

　三代目小池精米店を、さらにたくさんの人々に知ってもらおう。お客様との接点で、もっとコミュニケーションを深めよう──。

　そう考えた私たちは、新しい出会いを実現するイベントを企画しました。これまでＳＮＳやイベントに参加してくれた方の多くは、もともと〝お米好き〟な人々です。この方々だけではなく、「お米に興味なんかない」という人々に、魅力を知って欲しいという想いがありました。

　そこで「お米を楽しく」を極めたひとつのスタイルとして、

「フェス」を開催することにしたのです。

　場所は地元の表参道。小池さんの店舗をはじめ、いくつかのスポットで、ワークショップやトークショーなどのイベント、そしてバイヤー向けの見本市などを企画しました。

　「表参道ごはんフェス®」のコンセプトは、お米やごはんに新しい価値を与えようというものです。身近な存在ゆえに見過ごされがちな魅力をただ改めて紹介するだけでなく、潜在的な魅力を掘り起こして新鮮な形で提供することが目標です。

　趣旨に賛同してくださる企業や団体を募ると、それぞれ芯のある理念のもと、ユニークな活動をおこなっている方々が集まり、バラエティ豊かなコンテンツがそろいました。

　メイン会場には、こだわりのお米はもちろん、お米由来の食品や雑貨、ごはんのおとも、それから食器や箸なども並びました。入り口そばの小さなカウンターには、エディブルフラワー（食用花）を混ぜ込んだきれいな混ぜごはんをズラリと陳列。また以前から事務所の屋上でお米を栽培していた「ほぼ日刊イトイ新聞」さんは、自宅でお米を育てられる「小さなたんぼキット」を販売しました。

　一方、三代目小池精米店の店舗内では、ブレンド米や炊飯の実演とワークショップです。小池さんはほかにもトークイベントやお米ゼミの講師など、いくつものコンテンツを担当してもら

いました。

　この企画は事前に「LINEニュース」をはじめ、いくつかのメディアで紹介してもらえたこともあり、ありがたいことに大盛況。「フェス」という、お米としては目新しいスタイルで展開したこともあり、予想外のことに20代の女性を中心に数千人の来場者が参加してくれたのです。お米には、若い人々に支持される、潜在的な可能性があるのだと知ることもできました。

　回を重ねるごとにコンテンツは充実し、参加者も広がります。独創的なビジョンを持った人々とのつながりも得られ、とても大きな収穫となった経験でした。

表参道で始めた「ごはんフェス®」がLoftの人気イベントに

　さらにこの「ごはんフェス®」というコンテンツは、生活雑貨の専門店「Loft（ロフト）」さんにも興味を持っていただき、渋谷・銀座・福岡などのLoft店内で、およそ1か月にわたり開催することができました。

　店内の一角に、お米に関するさまざまなアイテムを展示・販売するコーナーや実演・ワークショップのスペースをつくり、お客

様にお米の楽しさをさまざまな形で体感してもらうイベントです。ほかにも、いろいろな梅干しの味わい方を体験できる「立喰い梅干し屋」。また長野県の信級地区で生まれた、白炭窯でつくられた玄米コーヒー「のぶしな　玄米珈琲」を販売。さらに飲食以外では、お米から抽出したエタノールでつくった石鹸や消毒スプレー、アウトドア（虫よけ）スプレーなど、ユニークな商品ラインナップとなりました。

「ごはんフェス®」は三代目小池精米店にとって、お客様との印象的な接点になったと思います。またLoftさんからは「いい刺激になりました」とおっしゃっていただくことができ、コラボレーション企画として、一定の成果が得られたと思います。

　表参道、そしてLoftで開催した「ごはんフェス®」で大きな反響を体感した小池さんは「お米のサードウェーブ（ムーブメントの第三波）が来てますね！」と感激し、さらに前進への意欲をかきたてられたようでした。

ごはんフェスのポスターやトークイベントなど

ブランディングに着手して、 あらゆる壁をブレイクスルーしよう

　ブランディングによって小池さんがブレイクスルーした壁は、数えきれません。

「お米屋さんはいいお米を仕入れて、買い手に売るのが商売だ」という壁。「都内のお米屋さんの商売圏は、徒歩圏だろう」という壁。「限られたリソースでは、飛躍的に売上を伸ばすことは困難だ」という壁。「原宿でお米屋さんをやる意味があまりない

のではないか？」という壁。「お店を成長させたいけれど、忙しくて新たな活動ができない」という壁。「人々の〝お米離れ〟を何とかしたいけれど、自力では無理だ」という壁。

　こういった数々の壁は、実は思い込みだったり、常識にとらわれていただけだったりするケースがほとんどでした。例えばお米屋さんは、お米を仕入れて売る仕事しかしてはいけない、というわけではありません。自由にユニークな活動を広げていくことができます。また商売圏についても、お米屋さんに特別な魅力があれば、お客様は遠くから来店してくれたり、通販で購入してくれたりします。さらに、大きな予算をかけなくても事業や経営を発展させることも可能です。

　また「自力で解決するのは難しい」と思われた〝お米離れ〟〝身近すぎてお米の魅力が意識されづらい状況〟などについても、ささやかながら変化を巻き起こすことができたと思います。

　多くの経営者は、さまざまな思い込みによって、いつの間にか活動にリミッターがかけられています。ブレイクスルーブランディングは、成果が抑制されているこのような状態を解き放つ、とても合理的で、創造的で、ワクワクする取り組みなのです。

人生を変える
ブレイクスルーブランディング

　ブレイクスルーブランディングの効果は、想像以上だったようです。認知度と好感度のアップ、顧客との関係性の深化、売上の向上。そして経営者としての成長、小池さん自身の自己実現。さらにお米業界の活性化にも小さな一歩を刻むことができたのではないかと思っています。

　小池さんご自身も「人生が予想もしていないものに変わりました」とおっしゃっていました。それまでは漠然としていた自分自身の生き方の理念やビジョンが明らかになり、それらを意識して行動するようになるので、回り道をすることなく、最短の道のりで、ビジョンに近づくことができたのです。

　小池さんが活躍されている姿は、まさにその現れだと実感しています。ある小さなイベントでも、小池さんの人生がより充実したものになっていることを示す、印象的な出来事がありました。

　このイベントは、お店のビルの屋上に集まって、美味しいごはんを食べながら、「あ・さ・ひ・ま・つ・光」に共感してくれた音楽アーティストの方がつくってくれた「あさひまつ光のうた」を楽しむという、とてもなごやかなイベントでした。

このとき、小池さんのお子さんが皆の前で、「将来の夢はお米屋さん」といったのです。楽しそうに、懸命に働き、次々と新しいチャレンジを重ねている父親を間近で見ていて「かっこいいな」「楽しそうだな」「いいお仕事だな」と憧れる想いを強くしていたのでしょう。これを聞いた小池さんは、感激して涙されていました。

　会社をより愛され信頼される存在に成長させ、経営も安定させる。そしてお客様や、世の中や、家族に小さな感動や喜びを生む。

　そんなブレイクスルーブランディングが巻き起こす、さまざまな変化や効果を、次章で詳しくご紹介していきましょう。

第 2 章

想いを
カタチにすれば、
壁は壊せる

そもそもブランドって何？

　「ブランドという言葉に対して、思いつく単語を書いてください。」

　皆さんはどのようなイメージが浮かびましたか？　おそらく「高品質」「高級」「特定の企業名」のような回答が多いのではないでしょうか。

　ブランドは一般的に使われている言葉ですが、その意味については曖昧な部分があるように思います。私がブランディングをお手伝いするときは、まずブランドとは何か？　についてお話をさせてもらってからプロジェクトを進めています。ブランディングについて考える前に、「ブランド」の認識を合わせ、共通言語をつくるのです。

　本章も、最初にブランドの定義からお話ししていきます。

　ブランドにはさまざまな定義がありますが、私は以下の定義を採用しています。

　ある特定の商品やサービスが消費者・顧客によって識別されているときその商品やサービスを「ブランド」と呼ぶ (一般財団法人ブランド・マネージャー認定協会による消費者・顧客から見

た「ブランド」の定義)

　この定義からわかるのは、ブランドは企業側の判断ではなく、お客様の心の中に存在するということです。企業がいかに「この商品はいい」「このサービスは価値がある」と伝えても、お客様がそう思わなければ、ブランドとしては機能していません。企業はブランドをお客様の心の中に育む必要があるのです。このブランド独自の価値を磨き、それをお客様に識別してもらう活動をブランディングと呼びます。

　ただ、識別といっても難しいですよね。簡単にいうと、そのブランドだと「わかる」ということです。

　ひとつ例を見てみましょう。こちらはドリンクのパッケージですが、商品名を隠しています。何の商品かわかりますか?

　おそらくわかった人が多いのではないでしょうか。これが識別です。識別できるブランドは、ブランドとして機能している証拠です。

　実際に商品を見たときにお客様の頭に思い浮かぶこと、これを想起現象といいます。

また例えば、先ほどのエナジードリンクは、「レッドブル」ですがどのようなシーンで飲むでしょうか？

「疲れているとき」「元気を出したいとき」といったシーンが思い浮かぶと思います。このように「〇〇なときに飲むもの」とお客様側が連想することも想起現象のひとつです。想起現象はお客様側に起こるものなので、無理やり企業側がコントロールすることはできません。商品やサービスを通じて意図的に一貫性をもって体験を提供する必要があります。

　また、「青色のパッケージ」「青春」「運動のあとに飲むドリンク」というと、とある清涼飲料水が浮かんできませんか？
　このように商品を見なくても想起現象が起きることがありま

想起現象

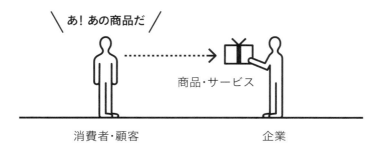

す。この「目の前に商品・サービスがなくても想起現象が起きること」こそ、特にブランド力が高い状態なのです。

　私たちが、ブランディングをお手伝いするとき**「自分たちが何者なのか、という旗をまず立てましょう」**とお話ししています。簡単にいうと「お客様に自分たちのことをどう思ってほしいか」を決めるということです。**その自分たちの狙いとお客様のイメージを一致させることがブランディングでは重要なのです。**

　ここで必要になってくるのが、①意図的②一貫性③継続性という3つの要素です。人間の記憶は忘れやすいので、イメージが分散してしまうとお客様の心に残りません。

　ピーター・ドラッカーは「マーケティングの狙いはセリング（売る行為）を不要にすることだ」と述べています。マーケティングとは「売れる仕組みづくり」といえるでしょう。

ブランドの体系化

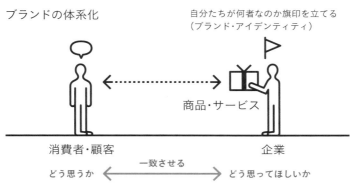

自分たちが何者なのか旗印を立てる
（ブランド・アイデンティティ）

商品・サービス

消費者・顧客　　　　　　　　　　　企業

どう思うか　←　一致させる　→　どう思ってほしいか

※参考：（一財）ブランド・マネージャー認定協会　ベーシックコーステキスト「ブランド体系図」

一方、ブランディングは、お客様に認知、記憶してもらい、ブランド・ロイヤルティ（ブランドへの忠誠心）を持ってもらうことで**「選ばれ続ける仕組みづくり」**を構築します。

　こういったお話をしていると中小企業の経営者から「大手のような資金力がない私たちに、ブランディングはできるのでしょうか？」と聞かれるときがあります。結論からいえば、もちろん可能です。やれることはたくさんあると思います。
　極端にいうと、多くの広告費を使わなくても自社の魅力をきちんと伝えることができれば、さまざまなメディアに取り上げていただくことが可能です。そこで重要なポイントは、顧客のニーズに合った形で、自社ならではの魅力を形にしていくことです。このような形で独自性を磨いていくことで、予算があまりなくても、ドミノを倒すように戦略的に知らしめ、認知を広げることができます。まずは誰に自社を知ってほしいのか、どの人が自社の商品・サービスを最大評価してくれるのか考えてみましょう。このあたりも、ブレイクスルーブランディングの重要な要素です。次の項目から、詳しくお話ししていきます。

一般的なブランディングとブレイクスルーブランディングの違い

　まず、ブランディングとブレイクスルーブランディングの違いについて説明していきます。

　ブランディングは、選ばれ続ける仕組みをつくり、ブランドの価値を最大化することを目的としています。

　一方、ブレイクスルーブランディングとは**「ブランドの持つリソースや価値を集約させることで、今まで解決できなかった課題や問題の壁を突破し、成長を加速させていくこと」**だと私たちは定義しています。

　そのためには、自社の現状をきちんと把握し、ブレイクスルーができる市場は、どこなのか？　その中でも集約させるポイントを、自社の想いや強み、やりがい、時代の流れ、競合他社の動向、関連・協力会社のニーズ、顧客のニーズなど、さまざまな要素が重なり合う焦点を見つけ、一貫性を持って突き進んでいくぶれない意志と行動が重要です。

　競合のいないポジションを狙うためにマトリックスで整理します。

例えば、

◇ 小池精米店さんの場合は、「楽しく・ユニーク×お米の知識を発信」で「お米の魅力を楽しく伝える伝道師」

◇ 駄菓子メーカーの鈴ノ屋さんの場合は、「本格×ヘルシー」で「無添加駄菓子の匠」

という表現になりました。

小池精米店のポジショニング

目指したい方向に
行くための課題のリスト化

・ お米の販売に留まらず、お米の楽しさを伝える発信を常に行う必要がある
・ お米の楽しさを伝える体験を提供する必要がある
etc…

鈴ノ屋のポジショニング

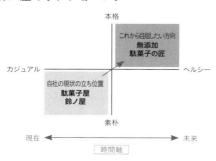

目指したい方向に
行くための課題のリスト化

・ 原材料を無添加にできるか
・ 駄菓子のコストで、どこまで原材料をこだわれるか
・ 現状のパッケージにヘルシー訴求がない
etc…

他社と比較した上で、左ページの図のように、現状の自社の立ち位置とこれから目指したい方向を視覚化することで、今までとらわれていたイメージから脱却することができます。

ブランディング活動には、そのプロセスで壁が必ず立ちふさがります。さまざまな障壁により、プロジェクト自体が頓挫してしまうことも少なくありません。だからこそ、チームで「ここを目指す」という目線合わせが必要になるのです。この壁を突破できるかがブランディングの成功を左右します。

一言で壁と言ってもさまざまな種類があります。例えば、社内の反対意見、関係会社の調整、企業自身がとらわれている常識や思い込みも含まれます。そしてよくあるのが、最初は革新的でとがったアイデアが、調整を繰り返すうちに、「普通」の商品になってしまうことです。しかし、市場では「普通」の商品では埋もれてしまいます。前項でブランディングは「選ばれ続ける仕組みづくり」だとお話ししましたが、売れ続けるためには、マーケットを見ながら絶え間なく挑戦する必要があります。

では、壁に負けず、独自性のある商品やサービスを市場にどう出せるのか？

この原動力となるのが経営者や社員の「想い」です。プロセスにおいて、「想い」を中心として自走するチームをつくれるかが、重要なのです。

新しいことへの挑戦は、どうしても苦労が伴います。反対意見に負けず行動を起こし、立ちふさがる壁を乗り越え、やり切る。その苦難を乗り越えるためには、「想い」が不可欠です。ただ、経営者1人の情熱だけでは成功は難しい。そこでプロジェクトチームを結成し、熱を社員、関係会社そして顧客に届ける体制を構築する必要があります。

　かつて、私もブランディングを企業からのオリエンテーションを受けて提案するような形で進めていました。しかし、競合コンペティションの形で進めてもどうにもうまくいきませんでした。そこで気づいたのは、社員の皆さん自身が行動し続けて、はじめてブランドは構築されるということ。そのためには、自分たちがお客様に「こう想ってほしい」という旗印を掲げ、その方向に向かう覚悟が求められます。

　ブランディングは、かっこいいデザインやツール作りではありません。表面的なデザインでは意味がないのです。いかに自社商品が他社より優れていても、ビジョン・ミッションがどんなにきれいな言葉でも、壁を突破する原動力にはなりません。言い換えると、形だけのビジョンやミッションは社内に浸透しません。人から与えられた言葉だと腑に落ちないのです。自分たちが自分たち自身で決めたことだからこそ、チームが動き始めます。

　チームで想いを掘り下げ、ブランド・アイデンティティにまとめ、ポジションを設定し、いくつもの壁を一緒に乗り越える。**さまざまな壁を越えたとき、どの競合他社とも被らない強力なブランドが生まれ、ブレイクスルーは起こるのです。**

┃　企業に立ちふさがる壁とは？

　ブランディングには、必ず「壁」が立ちふさがるという話をしました。もう少し詳しくお話ししていきましょう。壁とは、ブランディングを進める上で発生する支障や反対意見、挑戦を妨げてしまう要因を指します。大きく3種類に分けられます。

①社内の壁
◇ 組織の人間関係に左右される

◇ チャレンジよりもリスクを恐れる

◇ 今までどおりが安心だと、リスクをとらない意見が出る

②関連・協力会社の壁

◇ 自社のサービスの範囲外のものや、新しい取り組みは確証が
ないと動きづらい

③顧客の壁

◇ 知らないので試すのが恐い

◇ コストへの過剰な懸念(購入した商品が、支払った価格に見
合わないのではないかと疑心暗鬼になる)

　新しい取り組みに対し、実は一番ハードルが高いものとして
多いのは、①社内の壁です。社員からの反対は少なくありません。
　①社内の壁を細かく見ていくと、次のような項目があります。

社内の壁

関連会社の壁

顧客の壁

組織の壁

◇ 周りの反応をうかがってしまう。周りに合わせてしまう

◇ 否定的な意見の方がリスクが少ないので、現状維持を選ぶ

管理職の壁

◇ 上司部下の意思疎通に齟齬が生まれてしまう

◇ 上司のイエスマンになってしまい本音がいいづらい

◇ 上司の意見をそのまま部下に伝えてしまう

一般社員の壁

◇ 業務が増えるからモチベーションが上がらない

◇「また社長がなんかいい始めた」と本気で取り組まない

先代の壁

◇ 後継社長に社員がついてこない

◇ 先代のカリスマ性が継承のネガティブ要素になる

伝統の壁

◇ 自社の伝統を重んじるあまり、新しいチャレンジができない

チャレンジの壁

◇ 今までやったことがない、前例がないのでリスクがある

常識の壁

◇ こんなことやったら恥ずかしい、自分の経験にはないのでリスクがある

◇ 自社の業種ではやらない、業界から浮いてしまわないか恐い

　ここを乗り越えても、関連・協力会社の壁、顧客の壁があります。**大事なのは、あらゆる知恵やリソースを活用しながら壁を突破する方法を考えることです。**

◇ 挑戦に壁はつきものと考え、事前に壁の対策をする

◇ 1人で乗り切れないなら、誰の力を借りればいいか？　と考える

　このように考えると、何かしらの打開策が生まれます。いくつかの壁を乗り越えると、業界で今までやらなかったこと、やれなかったことが実現できるため、新しい景色が見えてきます。自分たちが目指すポジションに近づいている証拠です。そうなると、その企業の独自性がいかんなく発揮されて、消費者の心に残るブランドになっていきます。

　ここで壁を突破した事例として、秋田県にある「株式会社稲庭うどん小川」を紹介したいと思います。こちらの会社は文字どおり稲庭うどんを販売しており、2022年に創業40年を迎えまし

た。私たちは2020年からブランディングのお手伝いをさせても
らっています。当時、社長の小川さんが直面していたのは、「伝統
の壁」でした。40年近く現状のパッケージ、サービスの仕組みを
継続していたため、何かを変えることに躊躇していたのです（社
内の壁）。関連・協力会社も40年近く使用しているパッケージの
リニューアルには反対（関連・協力会社の壁）でした。さらに商社
を通し販売をおこなっていることが大半のため、顧客のニーズ
がわからなかったのです（顧客の壁）。

　例えば、創業以来変えていなかったパッケージに、小川さん自
身も伝統を感じつつも古めかしさも感じていました。これを変
更するとき「今までの伝統を変えたくない」「お客様が見慣れて
いるパッケージを変えるのか」といった反対意見が社内外から
出たそうです（社内の壁、関連・協力会社の壁）。

　しかし「伝統」とはいうものの、もともとのパッケージのデザ
インの経緯を聞くと、印刷会社さんの提案であっさり決めたも
のでした。会社として思い入れがあるデザインではなく「長い
間活用していたから変えないほうがいい」程度の話だったので
す。**この壁を突破することができたのは、自分たちが進む方向性
をチームで決めたからです。**事前に小川さんたちは、自分たちの
想いを掘り下げ「手延ベイノベーション」という言葉、「挑戦×革
新訴求」というポジションを設定しました。

稲庭うどん小川のポジショニング

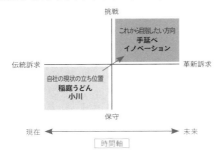

目指したい方向に
行くための課題のリスト化

・ 会社としての古さ(伝統)を伝
　えるのではなく、業界として今
　まで挑戦したことがない、革新
　的な行動をおこない発信して
　いく
・ 稲庭うどんメーカーとして、革
　新的な商品の開発
　etc...

　そして、伝統は「守るもの」ではなく、「革新の積み重ね」である
ととらえ直したのです。

　そこからチャレンジするマインドが社内に生まれ、試行錯誤
しながら伝統の壁を壊すことができました。

　その後も、無添加の稲庭うどん専用つゆの開発や、海外への輸
出を強化するための鰹節を使わないヴィーガンつゆの開発、パ
リの食通を唸らせるバジルソース味の稲庭うどんパスタなど革
新的な商品を次々に打ち出しました。はじめは大胆な変化に関
係会社から「絶対にやめた方がいい」とストップをかけられまし
たが、「自分たちはこれでいく」と決めてからは軸がぶれること
はなくなったそうです。

想いが戦略になる

　なぜ、私たちがここまで想いを重要視するかというと、ヒトは感情の生き物ですので、想いの強さ、心の熱が社内外問わず、ヒトを動かすからです。

　では、企業の想いとはなんでしょうか？
　それは「自分たちはこうなりたい、こうやっていく」という未来に向かって「目指す将来像」のことです。
　今まで大切にしてきた軸を見つけ、自分たちが目指したい未来を考える中で、想いを表す言葉を探していきます。その言葉がブランド・アイデンティティです。ブランド・アイデンティティは、企業自身の社会への態度・ビジョン、他社との差異を簡潔に伝えるものになります。ポイントは、社内外から共感される言葉を選ぶことです。
　逆にいうと、「想い」がないとプロジェクトが頓挫したり、途中で大きく主旨が変わったりしてしまいます。ブランディングはどうしても長期的なプロジェクトになりますから、担当者が変わることも少なくありません。そのタイミングでプロジェクト全体の主旨がリセットされてしまうのは、想いが引き継がれていないからだと思います。その想いに至ったプロセスをレポー

ト化して見えるようにしておくと、たとえ部署間の異動や引継ぎがあってもスムーズにバトンタッチできますし、担当者の好みや市場の流行りによって内容や方向性がぶれることもなくなります。やはり、ブランディングプロジェクトで失敗しないためには、想いが生み出す熱を社内、そして社外にまで伝える仕組みをつくることが、必要不可欠なのです。

レポート例

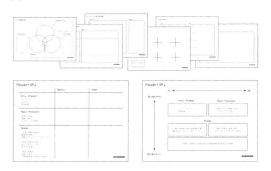

　企業の想いは、経営者やオーナーの気持ちが起点になります。大手企業ではブランドマネージャー、広告の責任者の想いが柱になることもあります。

　想いを言語化する段階では、いつもとは違う広い視点で考えましょう。業界の常識的な範囲におさまった短期的なメッセージでは、社内からも社外からも共感が得られませんし、ブレイクスルーも起こりません。化粧品会社であれば化粧品、石鹸メー

カーであれば石鹸、という枠を壊すこともときには必要です。その上で、普段では考えないことや本質的な課題を話し合います。

　しかし、なかなか通常の視点から離れるのは難しいものです。
　そこで有効なのが、ワークショップ（対話型ディスカッション）です。経営層と現場社員をミックスさせたチームをつくり、理想のイメージを探っていきます。発言した本人にとっては当たり前でも、第三者としては新鮮だったりするものです。会話が膨らむように「○○をどう思いますか？」など、オープンクエスチョンで聞きながら、多くの情報を引き出し、チームの想いをまとめていきます。そうすると、今まで社内になかった視点が必ず見つかります。
　そこから得られたキーワードを３Ｃ分析などのフレームワークでまとめていきます。**ただ、最初から分析をしてしまうと、現状の視点でしか考えられなくなり、気づきが得られませんので注意が必要です。**
　そして、軸となる言葉にまとめる段階では、誰か1人の視点で絞るよりも、いろいろな価値観を合わせていく方法を、私はオススメしています。経営者のみや専門部署のみですべてを決めるのではなく、多岐にわたる部署や関係者の声を拾うのです。例えば、商品の製造には直接関わらない部署のスタッフも巻き込みます。そして、それぞれの想いも入れながら、最終決定をす

る。このプロセスがあることで、社内における納得感が大きく変わり、会社としてその商品・サービスへの愛着が沸いてくるのです。自分たちが納得するように「みんな」の想いを集約させ、形にすることが重要です。そこで生まれた言葉をブランド・アイデンティティとしてまとめ、「自分たちはこう思ってもらいたい」というイメージを確立し、ロゴマークをはじめとするブランド要素を展開していきます。

　ここまで「想い」を掘り下げるプロセスは、一般的なブランディングではあまりおこなわないと思います。私がこの方法に手応えを感じたのは、第1章で紹介した小池精米店をお手伝いしたときでした。「お米の魅力を楽しく伝える伝道師」という目指すべき場所を決めてから、イキイキと壁を突破しながら自分の道を邁進し、結果もついてきた小池さんの姿を見たときに「この想いを起点にしたブランディングは間違っていない」と確信したのです。

┃　なぜ、対話が重要なのか？

　ブランディングによって会社が変わるのは、対話がもたらす効果も大きいと考えています。

　対話を重ねることで、一人ひとりの想いが共通の想いになり、共通のゴールに対する熱が生まれる。そうするとチームの一人ひとりが、ぶれない判断軸で行動するようになります。

　そもそも部署を横断して会社について話す機会はあまりないのではないでしょうか。対話が、自社を俯瞰して考えたり、経営者の言葉に腹落ちしたりするきっかけになるのです。

　例えば、経営者が考えた言葉を、復唱するだけで社員が共感できるでしょうか？　経営者が考えた言葉の意味や想いが現場のスタッフに腹落ちして、自分たちが自発的に行動するようになることが重要です。逆に、ワークショップの中で社長が悩み、考え、言葉を選んでいる姿を見たり、対話したりすることで言葉の認識が揃い、腹落ちするケースが多いようです。

　定期的な面談や日常の会議で話をしているときには出てこない、心の内から出てくる社長の想いを共有するのです。

　ワークショップでは、ただ「話してください」と聞いても多様な考えは出てこないので、私が参加するときは普段聞かれないような質問をするようにしています。例えば、自社のことは考えずに「こんな○○あったらいいな」「こんな○○はいやだ」など、こんな発言をしてはいけないのでは？　と思っている方の常識を壊すような質問をしながら、もう出ないところまで話し尽くしてもらいます。

　会社によっては決定した言葉そのものよりも、対話を重ねる

というプロセスのほうが大事なこともあります。その対話に
よって生まれた熱。これが、チームを通じて会社全体に伝播して
いくのを何度も見てきました。

　先程の稲庭うどん小川さんも、もともとは社員から意見やア
イデアが出てくる組織ではなかったそうです。ただ、ブランディ
ングの過程で皆で話し合い、目指すべき方向が決まると、社員か
ら「ここはこうしたらいいんじゃないですか？」といった改善提
案をされる機会が増え、自分で考え行動するケースが増えるよ
うになったそうです。

ブランディングチームのシナジーをつくる

「独自の道」を歩むことで、ブレイクスルーは生まれる

　皆で「本気でやりたい」ことを言語化すると、業界初や自社初といったチャレンジが生まれてきます。このチャレンジの積み重ねが、独自の道につながるのです。最初に立ちはだかる「社内の壁」が、「常識の壁」「組織の壁」。ブランド・アイデンティティを制作する過程で、これらを壊せると自社や自分に対する社員の認識が変わります。

　例えば「業界No.1の会社には勝てない」と思っていたのに「自分たちだからやる意味がある」と考えるようになります。**一番の壁は、「自分自身の壁」なのかもしれません。**たしかに、常識の中で行動すれば、そこまでリスクは高くありません。しかし社長も含め、「自分たちはもっとやれる」と思えれば、組織は変わります。常識はずれだけど顧客に喜んでもらえる企画を、どんどん進められるようになるでしょう。

　もちろん、ひとつの壁を突破しても次の壁が現れますが、乗り越えれば「もっとこうできたらいい」「こうすればもっと楽しんでもらえる」と新たなアイデアが生まれ、いいサイクルが回り始めます。ブランド・アイデンティティを言語化することが、独自の道の第一歩です。

価格競争に巻き込まれず〝適正価格〟〝強気の価格〟で勝負できる

　競合との戦いでは、商品の機能・性能などの「機能的価値」を高めて、少しでも競合の優位に立つよう努力を重ねることが一般的です。品質向上の努力は素晴らしいことですが、こういった視点だけで戦い続けると、終わりのない「いたちごっこ」になる場合があります。

　というのも、「機能的価値」を高め続けて一定のレベルを超えると、最終的には「商品の重さが２％軽くなった」「回転数が５％高まった」など、顧客にとってはメリットを感じない「過剰価値」を追求するようになってしまうのです。「過剰価値」は顧客にとって差を感じにくいので、これを実現するためにリソースを費やすのは、ただの浪費になってしまいがちです。
　また、こうして極限まで品質を高めても差別化がしづらいため、顧客に自社商品を選んでもらうには、価格を下げるという手法をとる必要があります。そしてたとえ値下げしたとしても、価格は模倣されやすいので、競合との利益の削り合いになってしまいます。
　せっかく心血を注ぎ、長い時間をかけてよい商品に育てたの

に、それを安く販売するのはあまりにも残念です。しかし現実には非常に多くの企業が、この虚しいいたちごっこと、悲しい価格競争に陥っています。

しかし「値上げをすれば、顧客が離れてしまう」という心配もあります。また、かつては価格決定権を握っているのはメーカーでしたが、現在は小売業などの流通というケースが多く、メーカーは彼らに買い叩かれてしまうこともあるようです。

ブランディングは、このような状況から脱却する際にも効果的です。

ブランディングは「機能的価値」だけでなく、「情緒的価値」も重要なポイント。「情緒的価値」とは、お客様のポジティブな感情を喚起する、さまざまな特質のことです。

「見たことない！」「新しい！」という魅力的な印象。「開発ストーリーが好き」「環境に配慮しているところが気に入った」など、コンセプトへの共感。「開発者の着想と努力が素晴らしい」「これまで見たことがない独創的な商品だ」という驚きや感動。

ほかにも「情緒的価値」の要素はたくさんあります。ブランディングは、こうした魅力的な付加価値を実現して「高くても、ほかにはないから買おう」「高いお金を支払う価値がある」「価格は気にならない」という顧客の認識を創り出します。

今までお話ししてきた、「想い」がお客様にしっかり伝わっている状態です。まさに「想い」が「戦略」になっているのです。

　そして充分な付加価値を実現した商品は、利益が取れる適正価格を強気に設定することができます。「ここでしか買えない唯一無二の商品」は顧客だけでなく、卸業者や量販店に対してもその価値が説得力を持つからです。

　つまり取引会社に買い叩かれることなく、自社で価格を決め、取引会社と公正なビジネスをおこなうことにもつながるのです。

　こうなると、安く売らなくても大丈夫という自信が持てます。自社製品に誇りを持てるようにもなります。さらに競合に振り回されなくていい、というメリットもあるのです。

選択と集中で、コストを抑え、
最大の効果を得る

　ブランディングにおける顧客との接点は、公式ホームページ、ブログ、ＳＮＳをはじめ、広告（有償のメディア掲載）、パブリシティ（無償のメディア掲載）、ＥＣサイト、実店舗、購入後のステップメール、展示会やショールーム、セミナーやイベントなど多様です。これらの接点で、顧客から信頼と愛着を獲得できるよう、丁寧に顧客体験を設計します。

　ただ、すべての接点に広告をかけようとすると、膨大な費用がかかってしまいます。

　そこで、**ブランド・アイデンティティを指標にして、優先順位を考えることでリソースを集中させるのです。**

　本章の冒頭で、ブランディングにおいては①意図的②一貫性③継続性が大事という話をしました。ブランド・アイデンティティを基準とすれば、最小の費用で最大の広告効果を生み出す施策につながります。この取り組みを通して、企業の魅力が伝わっていくと、顧客がブランドのファンとなり、継続的な売上を確保できるほか、ファン自身が口コミやＳＮＳなどで、商品やイベントを好意的に紹介してくれやすくなるので、より安定的な経営につなげることができるのです。

これが、少ない予算でも効果的に顧客を増やせる理由のひとつなのです。その他にも、以下のようなメリットがあります。

◇自分たちの会社や商品のことを自分たちで一貫性を持って話せるので、第三者が理解しやすくなり、成約率が上がる
◇業界の常識にとらわれず、独自のポジションを追求することで顧客の記憶に残りやすい
◇腹落ちした自分たちの言葉で話せるので、自分たちの魅力をしっかり伝えられるようになる
◇顧客の共感、驚き、感動が「誰かに伝えたい」という衝動を生み、ＳＮＳや口コミサイトでの好意的な投稿につながりやすい
◇商品・サービスに今までにない独自性を持たせることで、さまざまなメディアに紹介されやすくなる
◇他社がまだ取り組んでいない商品・サービス開発、発信をすることにより、業界の中で目立つ、独自のポジションを形成する。「精米店なのにお米の伝道師？」「精米店なのにイベントプロデューサー？」「駄菓子なのに無添加？」といった独自性や想いとともに強い認知、共感を促す

　上記のように、企業の想い（情緒的価値）がしっかりステークホルダー（利害関係者）に共有できることで、人の心を動かし、共

に行動してくれる仲間になるのです。

なぜ事業承継・事業改革にもブレイクス ループランディングが効果的なのか？

　まず、事業承継について見てみましょう。
　実は、ブランディングをおこなう上で、事業承継の節目は最適なタイミングのひとつだと考えています。

　代替わりを受けた社長は、会社の存続、成長を果たさなくてはならないという、重い責任を担います。そして多くの社長が自分の存在価値を、成果をもって社内外に示したいと思うはずです。
　ただし、これは簡単なことではありません。先代社長が長年かけて築いた信頼はそのまま引き継げるわけではなく、後継社長は実績を一つひとつ積み重ねていく必要があります。
　中には「早く信頼を得たい」「目に見える成果を出さなくては」と気持ちが焦り、確かな基盤や基軸を持たないまま突発的な戦略を講じたり、先代が築いた組織風土や慣習を壊してしまうなどして、かえって人心が離れてしまうケースもみられます。
　事業承継は企業にとって危機のときといえるでしょう。これ

を大きな発展の機会に変えるのが、ブレイクスルーブランディングです。

　事業承継時のブランディングで、私が大切にしているのは、**「今までの歴史をどうつなげ、新しい形をつくり上げるか？」** という点です。まったく新しいものをつくるなら、ベンチャー企業と変わらなくなってしまいます。

　商品・サービスに後継社長の想いを乗せることはもちろん重要なのですが、過去からの想いがつながって今の会社があります。ですから、その変えられない資産である企業の歴史をすっかりそぎ落としてしまうのではなく、大切な資産として価値を深く理解して継承し、その上で成長という変化を加えていく必要があります。

　先代の想いと、会社のこれまでの歴史。それらを後継社長の想い、社員たちの想いとつなげ、新たなビジョンに向かって会社を成長させていくことが、私が心がけている事業承継の使命です。

　ブランディングのプロセスに社員や場合によっては取引先を巻き込むことで、後継社長の想いが深く共有されるため、新しい体制としてスムーズにスタートを切ることができます。事業承継では後継社長が反発を受けるケースが少なくありません。しかしブランディングを活用すると、逆に士気が高まり、スピード感を持って会社の新陳代謝を高められたケースがいくつもあります。

また、事業改革とブランディングも、とても相性がいい組み合わせです。

企業の中には、うまく伸びている事業、収益は不充分だけれど可能性を秘めた事業、経営の負担になっている事業など、さまざまな事業を抱え、整理が必要なケースがあります。

ところが多くの企業は、そういった抜本的な改革に、なかなか手をつけることができません。規模の大きな改革はリスクも大きくなるので、躊躇する気持ちも強いと思います。しかし先延ばしによる「改革しないリスク」と真剣に向き合うことが必要です。

私がブランディングの一環としておこなっている**事業戦略のひとつは、「選択と集中」です。**これは自社の事業のうち、しっかりミッションやビジョンに沿い、強みを活かしている事業を選択し、そこにリソースを集中的に投入する戦略です。それ以外の事業についてはリソースを極端に絞り込んで縮小するなどを選択することもあります。

継続する事業・撤退する事業を的確に判断するには、「何を軸に事業運営をおこなうか」が明確でなければいけません。ブレイクスルーブランディングのプロセスを経ることで、企業のDNAとマインドを徹底的に掘り下げて明確にすることができ、自社の資源を棚卸しして、自社の何が真に価値あるものかを精査することができます。

つまり「企業の本質的な価値」を土台にして、そこに「企業活動の目的・目標」という柱が立ち、それが事業という形に具現化されている、という構造を整えます。

　自分たちの価値を把握することで、新規事業も生まれやすくなります。代表的なパターンは、既存の「ＢtoＢ事業（対企業取引）」に加えて、「ＢtoＣ事業（対一般消費者取引）」に乗り出すケースです。
　ただしうまく軌道に乗せ、成長させていくことは簡単ではありません。無計画にＥＣ（通販）サイトなど販路を確保し、プロモーション施策をおこなうだけでは、厳しいビジネス環境の中、万全の戦術とはいえないでしょう。

　では、ブレイクスルーブランディングは、どのような手順で、何をおこなうものなのか――？　次章から具体的にご案内していきましょう。

実践編
「想いを結晶化させる」

〜ブランディングの核
「ブランド・アイデンティティ」を確立するまで〜

ブレイクスルーブランディングの全体像

ブレイクスルーブランディングの5ステップ

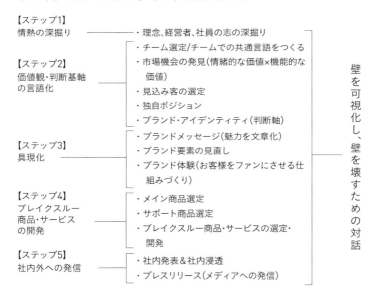

　ブレイクスルーブランディングは、上記の図のように大きく5つのステップで構成されています。

　細かい内容については後述しますが、まずは順を追って、全体の流れをたどっていきましょう。

【ステップ1】では、ブレイクスルーブランディングの根幹となる**「情熱の深掘り」**をおこないます。すでにお話ししたように、「経営者の想い」「企業のDNA」は、ブランドの精神性の軸となるもので、これを明確にしないままブランディングをおこなっても、文字どおり「仏作って魂入れず」となってしまうため、丁寧におこないます。

【ステップ2】の**「価値観・判断基軸の言語化」**では、さまざまな部署を横断して、ブランディングチームを結成します。そのチームで、明らかになった「経営者の想い」「企業のDNA」をどのように具現化するべきかを探ります。ここでは市場分析・競合分析・自社分析などを、フレームワークを使っておこない、また自社のリソース(ヒト・モノ・コト・ワザ)の価値や魅力を再発見していきます。そこから見込み顧客を決め、独自のポジションを設定。そこから自社が目標のポジションに行くために、考えられる壁を洗い出し、事前に対策を考えていきます。

そのポジションや壁を見据えた上で、**「ブランド・アイデンティティ」**を確立していきます。ここまでにおこなった対話やワークショップ、調査分析を通じて、最初は漠然としていた「想い」や「課題」「理想」が明確になります。それらをもとに、「自社のブランドはどうありたいのか」「お客様にどのように自社ブランドを思ってもらいたいのか」を、短い文章であらわす「ブランド・アイデンティティ」に結晶化させます。

次の【ステップ3】具現化では、「ブランド・アイデンティティ」に集約されたエッセンスを、さまざまな表現に具現化していきます。ひとつは**「ブランド要素の制作」**です。

　ブランド要素は、ブランドを記憶し、思い出すための基本的な要素です。代表的なものとして、ネーミング、ロゴマークやロゴタイプ、パッケージ、色、音や音楽、匂い、キャラクター、キャッチコピー、ドメイン（URL）の9つがあります。これらすべてにブランド・アイデンティティが反映できているかを検証し、必要があれば見直していきましょう。

　もうひとつは**「ブランド体験の設計」**。顧客が「いつ」「どこで」「どのように」ブランドと接触すれば購入につながる体験を得られるのかを検討し、さまざまな顧客体験のシナリオをつくります。例えば「どこで」という接点は、オンライン系ではホームページ、ブログ、ＥＣサイト、ウェブ広告、ＳＮＳ、レビューサイトなど、オフライン系では営業担当者の商談、店舗での接客、セミナー、イベント、展示会、パンフレット、紙媒体での広告などが基本です。これらのほかにも、ターゲット顧客と接触する有効な接点を創出し、興味、共感、感動などを生み出す体験を設計します。

　【ステップ4】の**「ブレイクスルー商品・サービスの開発」**では、まず自社の商品群を分類し、「メイン商品」「サポート商品」「ブレイクスルー商品・サービス」が過不足なくそろい、それぞれが充分な力を発揮しているかを確認します。そして必要に合わせ、ブ

ランドを象徴するブレイクスルー商品や自社の象徴となるサービス・コンテンツを開発します。

　そして【ステップ5】は**「社内外への発信」**。社内については、社内発表をはじめ、プロジェクトメンバーを基点とした「浸透研修」の実施などが挙げられます。ブランドの価値観やビジョンなどの表現方法を、ブランドの関与者全員で共有します。

　また社外については、プレスリリースの発信をはじめ、自社メディアやＳＮＳによる発信など、ターゲット顧客にブランド・アイデンティティが明確に伝わるよう意識して、コミュニケーションを設計、実行していきます。

【ステップ１】情熱の深掘り
情緒的価値を発掘して独自性を確立する

　本ステップで大切なのは、**顧客に向けて送り出す商品やサービスに、事業への想いや企業のDNAを、しっかり結びつけて紹介し、顧客から共感を得ることです。**すると商品は「物質的なモノ」から、「感情をまとった、ほかに変えられないモノ」になり、価格を超えて選択したくなる状態をつくることができます。

〔１〕創業者のパーソナリティと創業ストーリーを　　掘り起こす

　創業時まで遡り、そのときの経緯や背景を、資料や写真、当事者のインタビューを参照しながら、以下のようなテーマについて調べてみましょう。会社の存在意義や、顧客の心に響くポイントを、掘り起こすことが大切です。

◇創業のいきさつ
◇創業者の人となり
◇創業者の仕事にまつわるエピソード
◇当時の時代背景

◇会社の歴史（成功や苦難、後継社長や尽力したメンバーなどの
エピソードも）

この対話で得られた「事実」とそこから見出された「価値」は、
ブランド要素にそのまま活かされるケースも少なくありません。

ケーススタディ①　株式会社鈴ノ屋の想い

　駄菓子の製造・販売をおこなっている株式会社鈴ノ屋。創業当
時のお話を聞いていくと、実は紙芝居屋さんから事業をスター
トしていたことがわかりました。もともとは、現オーナーのお祖
父さんにあたる創業者が紙芝居を読んだあと、きなこ棒を子供
たちに売っていました。

　もともと駄菓子屋は、子供が大人や友達とのコミュニケー
ションを学ぶコミュニティスペース。しかし、駄菓子屋が減少し
ていく現状に危機感を抱き、「その文化を無くしてはいけない」
という強い想いが起業の原動力となったそうです。

　そこでブランディングプロジェクトでは、今の駄菓子屋の存
在意義を話し合い、「駄菓子の美味しさと、文化を伝える“無添加
駄菓子の匠”」というブランド・アイデンティティを目指すこと
を決め、ロゴデザインなどを、紙芝居をモチーフにしたものにリ

ニューアル。創業のルーツを広めるために、プロモーションツールとしてオリジナル絵本も作成しました。

ロゴ

オリジナル絵本

〔2〕経営者としての想いを掘り起こす

　このステップでは、「自分は何のためにこの会社を経営しているのか」「このブランドを通じて、世の中に何をなしたいのか」という、経営者の想いを掘り起こします。**ここで重要なのは、業界の常識や「思い込み」に惑わされず、経営者が情熱をそそげるキーワードを見つけることです。**

　人間の思考プロセスは、日常の中で習慣化、硬直化する傾向があります。一度チャレンジして失敗した場合「これからも難しい」「もうやらないほうがいい」と考えてしまいがちです。

　何が何でも実現したいという強い想いは、一度や二度の失敗

でも諦めない原動力になります。ただ、経営者の方ご自身では、言語化しづらいため、私たちは「メタファー（暗喩）」の手法を用いて、その意図を読み解き言語化していきます。あえて絵で想いを表現するなど、さまざまな方法で潜在的な想いを引き出していくのです。その手法の一部をサンプルとしてご紹介します。

◎設問1
あなたの会社の活動を通して、どんな社会を実現したいですか？　絵に描いて表現してください。

①動物にたとえると？　　　②食・食べ物にたとえると？
③音・音楽にたとえると？　　④筆記用具にたとえると？

　ある経営者の方に描いてもらった①の絵をもとに、「この動物のどのようなところが理想的ですか？」とお尋ねすると、「羊は群れで行動している。それぞれ個性ある者が集まっているのに、平和で協調的、優しいところが素晴らしい。オス同士がケンカをするとき、ルールに従って決闘するところも好きです」など、ご自身の考えを話されます。
　ここに、経営者ご自身が大切にされている考えや、今の社会をどのようにとらえているのか、それをどうしたいと考えているのか、そのヒントが隠されています。それらを、対話を重ねるこ

とによって少しずつ明らかにしていきます。

（ある菓子メーカーの例）

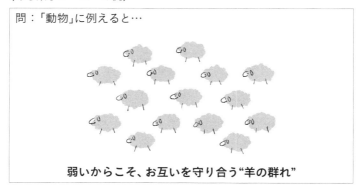

問：「動物」に例えると…

弱いからこそ、お互いを守り合う"羊の群れ"

　もうひとつのサンプルは、経営者の価値観を明確にするワークです。ご本人の「座右の銘」や「信条」をお聞きすることも大切なのですが、より本質的な部分を知るために問いを投げかけます。

◎設問2
あなたの人生の中で、印象的な8つの出来事を挙げてください。

　こちらの回答についても詳しくお話をうかがい、なぜその出来事が印象的なのか、どのような想いや考えがあるのかを知ることで、ご本人の価値観を明らかにしていきます。

多くの場合、心に強く残っている出来事は、強烈な感情とともに体験したことです。そこで、「なぜその出来事が幸せだったのか」「悲しかったのか」「許せなかったのか」など、感情をもとに思い返すことで、自分の考え方や個性の傾向をつかむことができます。そして「自分にこんな一面があったことを忘れていた」「意外だけれど、自分はこういうことを大事にして生きてきたのか」という発見につながるのです。

　こうしてさまざまな角度から質問を重ね、見つけ出した具体的なキーワードや重要なフレーズを書き起こしていきます。そしてそれを、「自分の事業を通してどんな社会を実現したいか（目指す将来像）」といったビジョンとして改めて文章化します。

〔3〕ビジョン・ミッションの見直し・構築

　次は、これまでのプロセスで明らかになった「経営者の想い」「企業のＤＮＡ」を整理し、「ビジョン」「ミッション」をつくります。すでに作成してある場合は、改めて見直すことも重要です。

　これまでのプロセスで情報が整理されていますので、それを分かりやすく端的に表現します。抽象度の高い言葉を用いると、社員やお客様に真意が伝わりづらくなるので、言葉の選択には細心の注意を払います。

◇求められること(期待)が入っているか？
◇できること(能力)が入っているか？
◇やりたいこと(意思)が入っているか？
◇簡潔にまとめられているか？

　ビジョン・ミッションは、一度つくったら終わりという会社が多いですが、時代やビジネス環境が変わり、お客様や社員など人々の暮らしや価値観も変わっていきますので、さまざまな視点から考察し、時代に合わせて修正することが必要です。

ケーススタディ②　小池精米店の経営理念・ビジョン・ミッション

　もともとの理念は、二代目であるお父様がつくった経営理念でした。長年活用していたのですが、ビジョン・ミッションという形で再定義。以前の経営理念は、差別化ポイントや顧客への価値が伝わりづらいという課題が見えてきました。優しい人柄は伝わるけれど、抽象度が高い理念だったので、小池さんと話しながら具体化していきました。

　ケースバイケースなのですが、ブランド・アイデンティティが理念のベースになることもあります。

　小池さんの場合もまさにそうで、「お米の魅力を楽しく伝える伝道師」というブランド・アイデンティティを基に

・経営理念　・ビジョン　・ミッション

　という形で、一言で価値が伝わるような言葉をつくっていきました。理念がしっかりしている企業であれば、経営理念からブランド・アイデンティティを探していくケースもあります。いずれにせよ重要なのが、自分たちが大切にしている言葉を見つけることです。変えずに大切にしたいこと、目指す上で欠かせないことを話しながら探っていきます。

小池精米店の理念の変化

経営理念(変更前)

商売を通じてこの地域に住む人が、そして日本に、この地球に住む人が(大げさですが)、皆さん笑顔で過ごされるように、お手伝いいたします。

1. 米食を通じ、地域の皆様が毎日を健康に過ごされるお手伝いをしたいと思います。

2. お米の配達を通じ、地域のお客様が重い荷物を持つことなく気軽にお買い物できるお手伝いをしたいと思います。

3. 「安全・美味しい・嘘をつかない」をモットーにした商品の提供を通じ、お客様が安心して日々の食事をとることができるお手伝いをしたいと思います。

4. お米の販売を通じ、日本の稲作文化がこれからも環境保全に役立てるようお手伝いをしたいと思います。

経営理念(新)

"産地直米"で、日本の食生活を応援するために

1. 全国各地の"産地直米"を、お届けします。
   有名な米どころから、まだ知られていない地方の名米まで、農家さんが作るお米本来の美味しさと、想いを食卓に届けます。

2. 新しいお米の楽しみ方を、提案します。
   白米、玄米、雑穀米の選び方、炊き方、食べ合わせをご提案し、お米の新しい楽しみ方をご提案します。

3. 安心・安全なお米を、販売します。
   全国各地の稲作農家を直接訪問し、高品質・安全・安心な"産地直米"を直接契約で購入。農家さんにも、ご家庭にも嬉しい最適な価格で販売します。

4. 価値あるお米情報を、発信します。
   稲作は日本の文化であり、田園風景は世界に誇る芸術です。そこで育まれたお米の価値と生産者の声を、イベントやWeb上で継続的に情報発信します。

小池精米店のビジョン、ミッション、ブランド・アイデンティティ

Vision 目指す将来像　　日本の農業と日本の食生活を応援したい

Mission 使命　　生産者と生活者の架け橋になる

＋

ブランド・アイデンティティ　産地直米、お米を楽しく。

【ステップ２】価値観・判断基軸の言語化
ブレイクスルーのための市場機会と壁を見極める

〔１〕プロジェクトチームのメンバー選定

　次に、本格的に社員たちを巻き込んでプロジェクトをおこなうための準備に入ります。

　準備のひとつは「プロジェクトチームのメンバー選定」です。この作業はクライアントと一緒に話し合って決めていきます。組織の情報を多角的に集め、のちのブランドの育成やマネージメントを担う人材候補とともに、経営層だけでなく現場も一体になって進行するために、選定の目安になる条件をアドバイスしています。基本的には、以下の3つです。

①会社や仕事に対して、ポジティブな意識や姿勢を持っている方
②人柄や、仕事への向き合い方など、自社にとって好ましいと思われる方（各部署を代表する人、管理職、現場を横断するメンバー）
③職種、性別、年代に偏りがないメンバー構成にすること

これに沿い、部署を横断し、役職や年代を縦断し、男女混合の
チームを決定します。当事者にチームへの参加要請を告げる際
には、プロジェクトの重要性とともに、参加した本人にもさま
ざまな気づきが得られるよい機会になることなど、参加するメ
リットについても伝えます。

〔2〕対話型３Ｃ分析で市場機会を見極める

　このステップでは、まずフレームワークを利用して既存のビ
ジネス環境を分析していきます。競合や市場、社会の現状と、近
い将来の姿を理解する「外部環境の分析」。そして自社のリソー
ス（ヒト・モノ・コト・ワザ）を棚卸しして、それらの意味や価値を
見出し、自社の強みと弱み、リスクとチャンスを深く理解する
「内部環境の分析」。これらによって、武器になる「自社らしさ」を
明らかにし、ブランド・アイデンティティを固めていきます。

３Ｃ分析とは？
　３Ｃ分析は、Ｃを頭文字とする3つの領域「Company（自社）」
「Competitor（競合）」「Customer（顧客）」に分類し分析すること
で、自社の市場機会を見つける方法です。
　このフレームワークをおこなうと、「自社」の強みと弱みを明

確にし、「顧客」の顕在ニーズと潜在ニーズをつかみ、「競合」に勝つ要因を見出すことができます。そのためには、まず自社・競合・市場について、あらかじめデータを収集するほか、いくつものテーマ、設問をもとにブランディングチームでワークショップ（対話）をしながらおこないます。

対話の重要性

例えば自社については、チームメンバーで「自社のリソース棚卸し（ヒト・モノ・コト・ワザ）」「自社の特徴ベスト5」「特徴がもたらす商品・サービスへのプラス作用」などのワークをおこない、自社の「魅力らしさ」は何か、ほかに代えられない存在意義は何かを追求していきます。

またお客様については、「自社から顧客が受け取るバリュー（ベネフィット）は何か」をテーマに分析するワークショップなどを実施します。

さらに競合についても何社かピックアップして、同様に「その特徴は何か？」「どのような独自性を持っているか？」を洗い出し、比較して「自社のほうが優れている点はどこか？」「自社が負けていると感じる点はどこか？」を詳細に分析します。

ちなみにピックアップする競合は「同じ業態のブランド」だけでなく、「異なる業態のブランド」も含まれます。例えばお米屋さんの場合、お米屋さん以外にスーパーやコンビニも入ります。こ

のように「直接競合」と併せて、「間接競合」を拾い出します。

　ワークショップで見出した答えは、最終的にフレームワークに記入し、下記の3つの円が描かれた図を参照して「自社の強みと顧客のニーズが合致していて、かつ競合が参入しづらい部分」を割り出します。これが「独自性の訴求ポイント」、つまり市場機会(チャンス)になります。

　反対に注意するべきエリアは、3つの円が重なっている中心部分です。ここに当てはまる要素で勝負に出てしまうと、価格競争に巻き込まれてしまいます。

　この3Cワークショップで重要なのは、本音で話し合えるオープンでフラットな対話を実現することです。

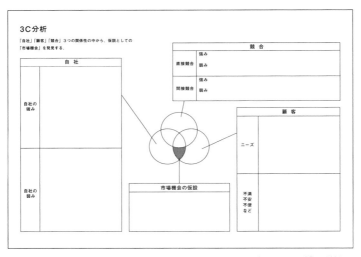

※参考:(一財)ブランド・マネージャー認定協会 ブランド・ステートメント〈ワークブック〉「3C分析」

よい対話を実現するために、メンバーが留意するべきポイントがあります。

ひとつは**「価値観はみんな違う。違うからこそ面白い」**と理解すること。異なった価値観に触れると、つい反発したり否定したりしがちですが、そもそも会社はさまざまな価値観の人がいるからこそ、成長していくことができます。

そこでお互いの価値観を「ぶつけ合う」のでなく、貴重なものとして「活かし合う」ことを意識して、多様な価値観に触れていこうと伝えます。実際に、斬新なアイデアは異なる価値観の出合いによって生まれることが多くありますし、メンバー自身、新たな価値観に触れることで気づきや学びを得る機会も多いでしょう。

もうひとつは、**「メンバーは皆、フラットな立場。自由にのびのび発言しよう」**ということ。社内の上下関係や年齢の上下関係を意識してしまうと、発言の自由度が低下してしまいます。「もっともイノベーティブな環境は、リラックスして遠慮も躊躇もなく、自由な発言ができる環境だ」という考え方があります。そのため、私たちがファシリテーターを務めるプロジェクトでは、メンバーに自分のあだ名をつけてもらい、「この場だけ、お互いにそのあだ名で呼び合いましょう」というルールで対話を進めていくことがあります。

というのも、いくら「フラットな対話を」と求めても、呼び名が「○○課長」となると、無意識に上下関係の気遣いや遠慮、萎縮が

起こりがちです。それを避けるための策なのですが、中にはチーフクラスの方が「自分は社長になりたいので、この機会にぜひ『社長』と呼んでください」とリクエストしたり、その一方で社長は「僕は趣味がワインなので、『ワイン王子』でお願いします」といい出したりして、雰囲気がなごむケースがよくあります。

「あだ名で呼び合う」というシンプルな仕掛けひとつで、楽しく打ち解けた空気になり、自由で公平で活発な議論の実現につながります。

最後は、**「思いつきレベルのアイデアも積極的に出すことが大切」**と理解してもらうことです。

慎重なタイプの人、控え目な人などは特に、何か意見を持っていても口にせず、様子をうかがうことが多くあります。しかし、ほんの些細な意見でも、それをきっかけにほかの人がアイデアがひらめいたり、刺激を受けたりすることがあります。

そこで**「質より量」**と伝え、思いついた意見やアイデアを自分で付箋に書いて、皆が囲んでいるテーブルに気軽にどんどん貼っていってもらうようにしています。

この付箋を使ったワークショップには、たくさんのよい効果があります。書いて貼る、というアクションを入れると、座ったまま腕組みをして考え込む、という硬直したムードを防ぎ、全員が気楽に意見を出し合える場づくりにもつながります。

また全員のアイデアを付箋に書いてテーブルに貼ると、類似

した意見を1か所にまとめて貼り直したり、「具体的アイデア」と「方針」など種類が違う意見を整理し結論に集約したりするプロセスがスムーズになります。

　こうして思考のプロセスを目で見て「体験」すると、結論に対する納得感や確信、**「自分たちがこの結論を出した」**という一体感や責任感がチームとして生まれます。シンプルなことですが、効果の高い協議手法といえるでしょう。この付箋を使ったスタイルは、以降のフレームワークでも活用していきます。

　３Ｃのワークショップ時に、特に重要なのは、**市場機会がどこにあるのか？** という部分です。つまり、顧客のニーズと自社の強みの合うところ、そして競合の強みが発揮できていない部分です。ここで改めて小池さんに登場してもらい、具体例を見ていきましょう。

ケーススタディ③　小池精米店の強み

　小池さんは自社の強みを精米技術だと考えていました。しかし、調査を進めると、競合も同様の技術を有しており、差別化にはならないことが判明します。

　そこで顧客側になって考えてみると、店頭でお米の楽しさや専門知識を知る機会はほとんどないことに気づきました。お米

屋の業界には、発信する人が少なかったのです。そのとき、編集者や人事コンサルタントといった「伝える」経歴が魅力になると分析し、「小池さんの伝えるキャリア」が強みになると気づきました。下の図は、小池さんのケースをまとめたものです。

　市場機会の発見はブランド・アイデンティティそのものにつながっていきます。また、市場機会の候補は、1つではありません。どれを選んでも正解といえるでしょう。といっても、闇雲に進むと危険ですので、紹介した順に考えてください。

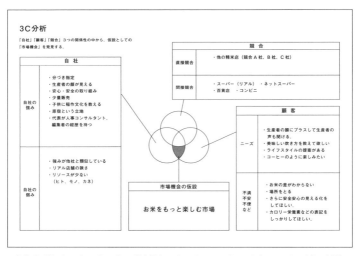

※参考：(一財)ブランド・マネージャー認定協会　ブランド・ステートメント〈ワークブック〉「3C分析」

〔3〕見込み客の選定（ターゲティング）

ここからは、

◇セグメンテーション
◇ターゲティング
◇ペルソナの設定
◇独自ポジショニングの設定

という4段階にわたって進めていきます。

◇セグメンテーション

最初におこなう「セグメンテーション」は、自社のターゲットをより明確にするために、市場を細分化する作業です。いい換えると、顧客の「属性（年齢、性別、行動特性など）」や「ニーズ」にもとづいて、顧客を細かいグループ（セグメント）に分けて、洗い出す作業といえるでしょう。

セグメントは大きく「基本のセグメント」「固有のセグメント」という2つに分けられます。「基本のセグメント」は、どのような商品やサービスをブランディングする場合でも、共通して考慮するべきテーマのことで、年齢、性別、職業、居住地域、家族構成、世帯年収、移動手段、趣味、情報収集法などが含まれます。

お菓子屋の例

テーマ	基本のセグメント 項目
年齢	10代　20代　30代　40代　50代　60代　70代
性別	男性　女性
お土産を渡す相手	経営者　会社員　パート　フリーター　主婦
居住地域	北海道　東北　北陸　関東　中部　関西　中国　九州　四国　沖縄
家族構成	独身　夫婦　夫婦+子供1人　夫婦+子供2人　2世帯
世帯年収	～300万　300万～　400万～　500万～　600万～ 700万～　800万～　900万～　1000万～
移動手段	徒歩　自転車　自動車　バイク　バス　電車　飛行機
趣味	音楽鑑賞　読書　ショッピング　スポーツ　ヨガ ワイン　グルメ　旅行　美術鑑賞
情報収集法	新聞　雑誌　テレビ　ラジオ　WEB　FB　Twitter　Instagram

※参考：(一財)ブランド・マネージャー認定協会　ベーシックコーステキスト「セグメンテーション」

　一方、「固有のセグメント」は、ブランディングをおこなう商品や
サービスに関連する、固有のテーマです。業種によって、固有の
セグメントは大きく変わります。

　例えば、お菓子屋さんだったら、お菓子を買う頻度、購入方
法、プレゼント用など、お客様の志向を考えていくわけです。

　ここでのポイントは、3つあります。ひとつは、**セグメンテー
ションの目的は「市場（顧客）」を細分化することなので、この段
階では自社ブランドが狙う顧客の属性にとらわれず、分類に集
中すること。**2つ目は、セグメンテーションの対象はあくまでも

「市場（お客様）」であって、自社の事業ではないので、テーマを挙げるときには**顧客の視点**で考えます。3つ目としては、この段階では項目を絞らずに、**選択肢になる可能性があるものは全て挙げていきます。**一般的に基本セグメントだけを実施するケースも多いのですが、ペルソナを考えるときに価値観や思考などの必要な要素が抜けてしまうので、要注意です。

　実際のワークショップの手順としては、個人でそれぞれ項目を書き出し、その後チーム全員で共有し、全方位的にテーマを

お菓子屋の例

テーマ	固有のセグメント 項目
購入頻度	毎日　週1回　半月に1回　月1回　2〜3か月に1回　半年に1回
1回の購入金額	〜3千円　〜5千円　〜1万円　〜1.5万円　〜2万円　2万円〜
お土産を渡す相手	自分用　家族・親族用　友人用　会社用(自社)　得意先用
購入方法	実店舗　百貨店　駅　ネット通販
購入基準	パッケージ　材料　価格　手間隙　地域性　ここしかない　ストーリー
期待していること	贈ったときの驚き　話のネタになる　ほかと味が違う　手軽な軽食
味の嗜好	懐かしい甘さ　優しい甘さ　強い甘さ　しょっぱい　辛い　酸っぱい
好みのパッケージ	シンプル　可愛い　美しい　高級感　モダン　伝統的
好みの内装	シンプル　可愛い　美しい　高級感　モダン　伝統的
卵の仕入れ方	凍卵　生卵　契約農家　JA
添加物	保存料　着色料　合成着色料　保存料・着色料・合成着色料不使用

※参考：(一財)ブランド・マネージャー認定協会　ベーシックコーステキスト「セグメンテーション」

出すようにします。そこからまず個別で自社にとって考慮する
べきセグメントテーマを「基本のセグメント」「固有のセグメン
ト」の両方について、細分化した分類項目を記載していきます。
そして、チームで話し合います。個人だと、どうしても抜け落ち
る視点があるので、全方位的にテーマを出すようにします。

◇**ターゲティング**

　次は、それぞれのテーマごとに、自社ブランドがターゲットと
する属性に以下のように丸をつけます。

基本セグメント							
テーマ　年齢　項目	10代　(20代)　(30代)　40代　50代　60代　70代						
性別	男性　(女性)						
職業	経営者　(会社員)　パート　フリーター　主婦						
居住地域	(北海道)　東北　北陸　関東　中部　関西　中国　九州　四国　沖縄						

※参考：(一財)ブランド・マネージャー認定協会　ベーシックコーステキスト「セグメンテーション」

　選定は、3C分析で具体化した「市場機会の仮説」を考慮しなが
ら、「①どのセグメント項目がビジネス上の強い魅力を持ってい
るか」、「②どのセグメント項目が自社と親和性があるか」という
2つを基準におこないます。このとき失敗しやすいのは、①を重
視して「売りやすいターゲット」を選び、②をおろそかにしてし
まうケースです。「売りやすいターゲット」を意識することも重
要ですが、**「自社の商品を最大評価してくれるのは誰か」**という
視点で選ぶことがもっとも大切です。ワークショップでは、各々

のテーマに対して、セグメントに丸をつけていきましょう。

　続いて、できあがったシートをもとに、ターゲットとなる顧客の人物像を具体化していきます。例えば「性格はどのようなタイプか」「どんなときに幸せを感じるのか」「何を心配しているのか」「不満に感じていることは何か」「典型的な平日・休日の過ごし方はどうか」「購買行動にはどのような特性があるのか」などを細かくシミュレーションし、さらに外見のイラストや写真を添えてイメージを固めていきます。これを具体化しておくと、後のプロセスに非常に役立ちます。たとえば「ブランド要素」「ブランド体験」を構築するときには、「どうしたら、このペルソナに好んでもらえるのか？」と、より具体的に構想することができるのです。

基本セグメント			固有のセグメント（対象の事業、製品、サービスに直接的に関わるセグメントテーマ）		
テーマ	年齢 項目	20〜30代	テーマ	購入頻度 項目	半月一回、月一回、2〜3ヶ月一回
性別		女性	一回の購入金額		〜3千円、〜5千円
職業		会社員	お土産を渡す相手		自分用、家族・親族用、友人用
居住地域		日本全域	購入方法		実店舗、ネット通販
家族構成		独身、夫婦	購入基準		パッケージ、地域性、ここしかない、ストーリー
世帯年収		600万〜800万	期待していること		贈った後の驚き、話のネタになる、他と味が違う
移動手段		自動車、電車	味の嗜好		懐かしい甘さ、優しい甘さ
趣味		ショッピング、ヨガ、グルメ、旅行	好みのパッケージ		シンプル、可愛い、美しい
情報収集方法		新聞、雑誌、TV、WEB、SNS	好みの内装		シンプル、可愛い、美しい
			卵の仕入れ方		生卵、契約農家
			添加物		保存料・着色料・合成着色料不使用
			好きな料理		オムライス、卵サンド、目玉焼き、玉子焼き

※参考：(一財)ブランド・マネージャー認定協会　ベーシックコーステキスト「セグメンテーション」

◇ペルソナの設定

　次の段階で、ターゲティングから価値観が見えてきますので、あるペルソナにまとめていきます。また、このセグメントの作業はチーム内でのイメージが揃う効果もあります。例えば、「30代女性」といっても、イメージできる範囲が広いので、各々で認識が違うことが少なくありません。それをチームで考えることで、具体的な人物像が浮かび、焦点やフィルターが合ってくるのです。

　私たちがペルソナにまとめるときは、

・固有セグメント(名前、性別、年齢、職業、年収、家族構成、世帯年
　収、居住地域、住居形態、移動手段、情報収集、趣味)
・不安、不満、不便
・幸せを感じること
・典型的な平日の過ごし方
・典型的な休日の過ごし方
・ペルソナストーリー
・写真・イラスト
・性格
・ペルソナを一言で表すと……

以上の項目で考えていきます。

※参考：(一財)ブランド・マネージャー認定協会　ブランド・ステートメント〈ワークブック〉「ペルソナ」

　必ず平日と休日の過ごし方をシミュレーションするのですが、日常での商品の接触ポイント、このブランドを知るタイミング、買う（使用する）タイミングが明確になります。またワークショップの場で強調して伝えているのが、**顧客ニーズをつかむ上での「不安、不満、不便」の重要性です。**

　これらの項目を考えるにあたり、設定したペルソナの深い洞察をおこないます。この洞察を、インサイトと呼んでいますが、これは人々が自覚していない「潜在ニーズ」のさらに奥深くに隠れた心理、つまりまだ欲求にも育っていない想いを探る作業です。この想いは、本人が認識する段階になれば行動につながるので、「人を動かす隠れた心理」ともいわれます。

現在では顧客自身がニーズに気づいていない商品を創り出し、ニーズやウォンツ自体を創出することが求められています。そのため、深いインサイトが重要になります。

　インサイトを見つける方法としては、設定したペルソナが心の中でどのようなキーワードに気持ちが向き、その言葉からどのように連想が広がっていくか、図のような「連想マップ」を作成したり、ウェブや対面の意識調査を参考にしたりしながら、ペルソナの言動や行動、感情、思考をつかみとり、顧客の「ニーズの芽」を見出します。ここもワークショップにより、チームでペルソナの気持ちになって言葉を出していきます。特に重要なところを丸で囲いながら、案を出していくといいでしょう。次の工程であるポジショニングのキーワードが出てくることもあります。

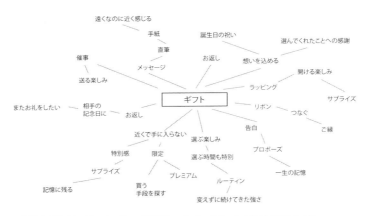

※参考：(一財)ブランド・マネージャー認定協会　ベーシックコーステキスト「連想マップ」

ケーススタディ④　株式会社鈴ノ屋の顧客インサイト

　鈴ノ屋さんは、駄菓子の販売をしているため、問屋さんに仕入れてもらって、スーパーマーケットなどで販売する形がメインでした。そのため、問屋さん視点や先代から続く製法を守ることに重きを置いていたのです。しかし、ブランディングを機にペルソナを考え、「アレルギーのお子さんをもつ、働く女性」というイメージが生まれました。そのイメージに合った人にお話を聞くなどしながら、ペルソナの気持ちを探っていく中で「添加物が多い駄菓子を子供にあげたくない」という“不”があることに気づきます。つまり、「子供に与えるものは気をつかう。パッケージの裏面に記載されている原材料を確認してから購入する」というインサイトを発見したのです。その顧客の心理からブランド・アイデンティティを「無添加駄菓子の匠」と設定したあとに、改めて自分たちに何ができるかを話し合いました。その結果、甘味料を黒糖にしたり、蜂蜜を国産に変えたりするなど、素材や味覚の面でも顧客に寄り添った商品づくりを始めました。同時にパッケージもリニューアルして進めていきました。すると、業界としては異例なのですが、問屋の方も鈴ノ屋さんと一緒に店頭に立って、お客様に売っていくようになったのです。インサイトの発見が商品すら変えてしまった例のひとつです。

◇独自ポジションの設定

　ここまでのステップで、市場や競合他社と比較した上で、自社の現状把握ができたと思います。いよいよ次は、独自ポジションの設定です。

　このポジション設定は、未来に向かうべきカテゴリーやゾーンを指します。現状把握で、顧客から見た自社の確認をします。商品にこだわりがあっても、顧客には伝わっていないケースも少なくなりません。現状の位置から、自分達がどこに向かうのかを視覚的に表現することで、チームや会社のベクトルを明確にします。そこで重要になるのが、やはり「想い」です。**想いを鑑みつつ、自社ブランドがとるべき独自性のあるポジションを見つけるのです。**

　度々登場している小池精米店さんであれば、ブランディング前のポジション設定は、いわゆる普通のお米屋さん。つまり、「実直・真面目」というイメージでしたが、小池さんが実現したかったのは、お米の楽しさも伝えていく精米店、つまりお米の伝道師です。それを可視化しました。

　きな粉棒の鈴ノ屋さんであれば、同業他社と同じく「低価格の駄菓子」として見られていたところから無添加駄菓子の匠として「ヘルシー志向の本格駄菓子」を目指し、稲庭うどんの小川さんであれば、伝統的な老舗のイメージから、革新を続ける稲庭うどんの会社を新たなポジションとして設定しました。

〔4〕壁の可視化と対策

　ポジション設定によって、自社がどこへ向かうかが決まります。ただ、その道のりは簡単なものではありません。必ず「大小さまざまな壁」にぶつかることになるでしょう。壁にぶつかると、チームがバラバラになったり、プロジェクトそのものが停滞してしまったりすることが少なくありません。

　そこで、プロジェクトの障壁に事前に対策を練っておくのです。

　ブランドの活動は、経営者の想いを、社員をはじめとするブランド関係者に伝え、さらに彼らがさまざまなルートで顧客に届けるという一連の道のりです。「想い」が、ほかの人々へと連鎖的に伝わっていく、ドミノ倒しのようなイメージです。この途中に障壁があると、ブランドの想いはドミノの終着点である顧客に伝わりません。この障壁は、あらゆるところに存在します。たとえば「ブランディングなど無駄な出資だ」と考え、非協力的な姿勢をとる役員。「ブランディングをおこなったら、先代社長が築いたものが破壊されるのではないか」と心配する古株の社員。「業務が増えるのは面倒くさい」と参加をしぶる若手社員。価値を理解せず、挑戦を避けるよう進言してくる取引会社の社員——。

　経営者が陣頭指揮をとってプロジェクトを進めても、顧客へと続く道の途中にこういった障壁があれば、望んだ成果を実現

することは難しくなります。そのため、障壁になりそうな問題を
あらかじめピックアップし、しっかりと対処しておくことが大
切です。

　まずは**4つの視点で「壁(リスク、ネガティブな意見や要素)」**
を洗い出し、それぞれを「突破する方法(リスクの回避・低減策、
壁を越えたときの理想的な状況)」を考えるワークをおこないま
す。

◇社内(役員・管理職・一般社員など)の「壁」は何か？　それを「突
　破する方法」は何か？

◇社外関係者(関連会社・協力会社など)の「壁」は何か？　それを
　「突破する方法」は何か？

◇業界の「壁」は何か？　それを「突破する方法」は何か？

◇顧客との「壁」は何か？　それを「突破する方法」は何か？

　新しいこと、革新的なことを始めようとするときには、かなら
ずさまざまな壁が現れます。しかし壁に行く手を阻まれたから
といってあきらめるのでは、何も実現できません。「どう乗り切
るか？」「誰に協力してもらうべきか？」を考え、知恵やリソース
を活用しながら、壁を一つひとつ突破していきます。

ケーススタディ⑤　美容室りんごの木の壁

　株式会社りんごの木は、長野を中心に美容室を複数展開しています。40周年を機にブランディングをおこないました。

　もともとは、お客様が4世代にわたって来店するような地元に密着した美容室というポジション設定。ブランディングをおこなうにあたり、チームで創業の想いやこれから進むべき方向性を話し合いました。その話の中で「髪だけでなく、人生をキレイにする」というキーワードが生まれ、独自ポジションとして設定。企業ロゴや内装、各種ツールに至るまで、大きく企業デザインを変えることになったのです。そのプロジェクトで事前に想定していたのは、「社内の壁」と「伝統の壁」。40年続いてきた伝統を変えるのは、やはりいろいろな意見が出るだろうと想定したのです。そこで、プロジェクトではお客様や社内のキーマンを徹底的に巻き込みながら進めていきました。リーダー層はブランディングチームに全員入ってもらい、10名の役員やマネージャーから徹底的にヒアリング。100名近い顧客にも話を聞き、なんとポスターにも登場してもらいました。ロゴマークを決定するときは、社内外からりんごの木の世界観イメージを集めてからデザインを考案。

　そして、ブランディングがスタートする時、社員全員が参加するパーティでブランド・アイデンティティやデザインをお披露

目しました。お客様に対しては、店内のポスター、地域新聞への広告、DMなどを通じて、新しいブランドロゴと想いを一緒に伝えていきました。そうすることで、今までのイメージとギャップが出ないように工夫したのです。結果として、社内からも社外からも、「会社が目指しているところが明確になった」「家族を連れてくるね」など、評判になり、新たなブランドとして非常にいいスタートを切ることができました。

〔5〕ブランド・アイデンティティの確立

　ここでおこなう作業は、以下の2つです。

◇ブランド・アイデンティティの作成
◇ブランドメッセージの作成

　ここまでのすべての成果をもとに、「ブランド・アイデンティティ」を明文化します。
「ブランド・アイデンティティ」は、ブランドの核となる重要なものです。プロジェクト進行中でも、終了後でも、ブランドの構築と運営に迷ったとき、あるいは問題が生じたときは、かならずここに立ち戻ります。
　古来、方向がわからなくなった旅人は、夜空を見上げて「不動の星」である北極星を頼りに正しい道を見出してきましたが、正しくつくられた「ブランド・アイデンティティ」は、まさにブランドにとって北極星のような役割を果たします。つねに揺らぐことなくそこにあり、私たちを正しい方向へと導いてくれます。
　また、このステップでは短い言葉で表現するブランド・アイデンティティに付随して、より詳しく長い文章で表現する「ブランドメッセージ」を設定します。

◇ブランド・アイデンティティの作成

　ブランド・アイデンティティは、ブランドのコンセプトといい換えられます。「自社は社会に対してどのような姿勢で向き合うのか」「どのような具体的なビジョンの実現を目指しているのか」「他社との違いはどこにあるのか」を、簡潔な言葉（20文字程度）で表現します。別の見方をすると、ブランド・アイデンティティは「自社ブランドを、顧客にどのように思ってもらいたいのか」の表現です。これを明確に打ち出す言葉を、短い文に表します。

　プロジェクトのここまでのプロセスで、さまざまな分析をおこない、自社は世の中に何をなしたいのかが、明らかになっています。また、自社ブランドの独自的な価値や、勝ち筋も見えているはずです。それらを踏まえ、浮かび上がっているキーワードをもとに、ブランド・アイデンティティを決定します。キャッチコピーとは異なって、奇をてらった表現や、インパクトを狙った言葉を使う必要はありません。社内の共有認識を得ることが重要です。また、できた案を検討するときには、３Ｃ分析まで戻って整合性がとれているかを確認するほか、特に以下の点に留意します。

・自社のビジョン・ミッションが打ち出されているか？
・自社の独自的、優位的な価値が含まれているか？

第３章　実践編「想いを結晶化させる」

139

・顧客（ペルソナ）が受け取る価値が明確になっているか？
・わかりやすく、好ましいメッセージになっているか？

　ブランド・アイデンティティを決めるときのイメージとしては、次の図をイメージしてください。ここで忘れてはいけないことは、顧客の視点です。ここでは、自社の強みばかりに注目してしまい、独りよがりな言葉になりがちです。自社の強みと顧客のニーズが重なる部分に設定しましょう。

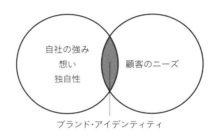

自社の強み
想い
独自性

顧客のニーズ

ブランド・アイデンティティ

自社の強み、価値を考える際に自社に偏った視点になりがちなため、
顧客のニーズと自社の強みが重なっている部分を重点的に考える必要がある。

◇ブランドメッセージの作成
　ブランドメッセージは、ブランド・アイデンティティをよりわかりやすく、深く伝える文章です。ブランド・アイデンティティ

に集約するときには言葉や情報を極限まで削ぎ落としています
が、それらをすくいあげ、わかりやすい文章で心をこめたメッ
セージにしたためます。

　どのような歴史を持ち、どのような想いで社会や一人ひとり
の人々を見つめ、自社の意義や価値を何だととらえ、何をビジョ
ンとして活動しているのか。そういった企業の姿勢をストー
リー化した文章にして丁寧に伝え、共感を引き出します。

　ブランド・アイデンティティとの違いはこのようになります。

・ ブランド・アイデンティティ＝自社のブランドを顧客にどの
　ように思ってもらいたいかを表す言葉（20文字程度）
・ ブランドメッセージ＝ブランドの目指す将来像や想いを、社
　内外のさまざまな人に共感してもらう文章で伝える（200文
　字程度）

　ブランドメッセージは以下2つの要素で作成します。

①キャッチフレーズ＝事業をよく知らない人々の目を"キャッ
　チ"して興味を持たせる言葉
②ボディコピー＝事業のこだわり・想いなどの詳細を伝え、共感
　してもらうための手紙のような言葉

ブランドメッセージは、ホームページをはじめ、広告やパンフレットなどの販促物に記載して、社内外の人々のブランド浸透に活用します。

第 4 章

実践編
「想いを込めた
ブランドを拡散する」

〜想いの結晶
「ブランド・アイデンティティ」の届け方〜

【ステップ3】具現化
ブランドのエッセンスを表現する

　顧客がブランドと出合い、そのあとに再会し接触を重ねる中で、ブランドは顧客の認識を育てていきます。そして共感、好感、愛着、感動、信頼、尊敬などポジティブな評価を獲得し、ブランドのファン(生涯顧客)になってもらう——。そのための重要な手段が、「ブランド要素」と「ブランド体験」です。ブランド・アイデンティティを一貫させ、ペルソナに代表される顧客の心を打つことに留意して、設計を進めていきます。

〔1〕ブランド要素の制作

　ブランド要素は、ブランドイメージを構成する最小単位で、代表的なものとして以下の9つが挙げられます。

◇ネーミング……ブランドの名前、商号、商品名など。見直しを
　含め、設定する
◇色……イメージを象徴する色(一色とは限らず、色の組み合わ
　せや、色調なども含む)を決める

◇ロゴマーク、ロゴタイプ……ロゴマークは図案・シンボルのことで、ロゴタイプは図案化された文字。

◇音、ジングル、音楽……特にテレビやラジオなどの広告を計画している場合は、イメージにあったジングル（ブランド名を入れた短い音楽）や音楽の制作をおこなう。また音が出る商品の場合、その音の設計も検討する

◇キャラクター……ブランドのイメージを象徴する人物、動物、架空の生き物などを図案化したもの。実在の人物を起用する場合もある

◇パッケージ……包装物のビジュアルデザインだけでなく、環境に配慮した素材を使うなどコンセプトを付加したり、包装物以外の用途（遊びに使える、学べるなど）を付加したり、全体を綿密に設計して制作する

◇キャッチコピー……顧客の心をとらえるための、商品の魅力を簡潔に表した短いフレーズを作成する

◇ドメイン（ＵＲＬ）……ブランド独自のドメインを使用することを検討する。認知拡大に役立ち、また顧客が探しやすく、記憶にも残りやすくなる

◇匂い……飲食物や香料を使用する商品をはじめ、それ以外の商品でも、匂いの設計をおこなうか検討する

※参考：（一財）ブランド・マネージャー認定協会　ベーシックコーステキスト「ブランド要素」

ブランド要素の制作については、商品によって必要なブランド要素や創る際のポイントが異なりますので、ここではロゴについて概要を簡単にお伝えしましょう。

　ロゴマークは、例えばアップル社が使用している、ひと口かじったリンゴの図案です。抽象的、または具体的なシンボルによって、ブランドを認識してもらうものです。

　一方、ロゴタイプは、ブランド名を記した文字が装飾、図案化されたものです。アマゾン社の配送用段ボールには「amazon」という文字の下に弧を描く矢印がデザインされ、にっこり笑った顔のように見えますが、これはロゴタイプの一種です。また、ルイ・ヴィトンの「ＬＶ」、カルバン・クラインの「ＣＫ」のように、モノグラムを採用しているブランドもあります。

　ロゴマークとロゴタイプは、どちらか一方を使用するケースもあれば、両方を組み合わせて使用するケースもあります。

　ロゴに限らず、ビジュアルデザインの制作はデザイナーがおこないますが、デザイナーの独断にまかせることはあまりおすすめできません。もっとも重要なのは、創作物にブランド・アイデンティティが明確に反映されていること。いい換えると、創作物は、ブランド・アイデンティティをそのまま可視化したものでなければなりません。ブランド要素は、顧客との重要な橋渡しの役割を担っているからです。これを実現するには、デザイナーに「経営者の想い」「企業のＤＮＡ」などを含め、ブランド・アイデン

ティティを深く理解してもらうとともに、経営者・デザイナーが共通した世界観を持つことがポイントになります。

　またロゴマーク、ロゴタイプの案は、デザイナーの段階では数多くつくられますが、最終的に何点かに絞ったものが提出され、発注側が選ぶケースが多いと思います。その際にも、「もっとも目立つものはどれか」「印象がよさそうなものはどれか」という観点だけで選んでしまうのではなく、「もっともブランドを象徴しているのはどれか」「ビジョン・ミッションがクリアに表現されているものはどれか」を判断の基準にします。こうして創られたロゴは、想いが凝縮された、世界で唯一無二のものとなります。経営者や社員が、誇りや愛着をもつことにもつながります。

ケーススタディ④　各社のロゴの考え方

事例（1）　鈴ノ屋

　創業のルーツ・ストーリーをビジュアル化するために紙芝居をシンボルにしながら、「駄菓子の美味しさと、文化を伝える"駄菓子の匠"」というブランド・アイデンティティをロゴタイプなどで表現。

事例（2）　小池精米店

「日本全国の有名な米どころか
ら、まだ知られていない地方の
名米まで、農家さんがつくるお
米本来の美味しさと想いを楽
しくお届けしたい」というメッ
セージを、47都道府県を代表す

るお米をそれぞれ選んでもらい、そのお米をトレースして表現
しました。

事例（3）　梶川建設

　梶川建設は創業115周年を超
えた老舗企業。もともと造船業
からスタートした同社は、今は
地盤工事を中心とした事業をお
こなっており、業界の常識を変
えるような取り組みにもチャレ

ンジしています。そのルーツを伝えるために、「船」をシンボルに
したマークを作成。現在のコア事業である地盤（地層）のパター
ンを用いて、伝統や歴史を表しながら、スタイリッシュにまとめ
ることで革新性を打ち出しています。

〔2〕ブランド体験の設計

　ブランド要素ができたら、それらが顧客と出合う場面、接点を想定し、そこで顧客がどのような体験をするか設計します。

　顧客がブランドと出合う場面は、現在、オンラインを中心に多様化しています。その中で、設定したペルソナとの適切な接点を設けることで、ブランドとの好ましい出合いを果たすよう導きます。その後、ペルソナがさまざまな接点で顧客体験を重ねる中で、ブランドを知ってもらい、想起してもらえる状態を目指します。第2章でお伝えしたところですね。

　もうひとつの指標として、顧客関係を深める「ブランド体験」を、お伝えしておきましょう。ブランド体験は以下のプロセスで設計します。

①購入前
②利用時・購入時・使用時
③購入後フォロー
④リピート対策

　ブランドは、各シーンに応じて、次ページ図のような接点をつくり、顧客体験を提供していきます。

顧客との接点

オンラインの接点

・ホームページ
・ＥＣサイト
・ブログ
・SNS
・動画共有サイト
・口コミサイト
・Ｑ＆Ａサイト
・購入後のステップメール
・Web広告
・Webメディアのパブリシティ
etc……

オフラインの接点

・店舗
・接客スタッフ
・カスタマーセンター
・看板
・パンフレット
・チラシ
・ダイレクトメール
・新聞、雑誌広告
・展示会、ショールーム
・イベント、セミナー
etc……

　これらのうち「どれを実行するか」「重視するか」、そして「どのように実行するか」は、ペルソナの思考と行動をもとに検討します。ペルソナの分析シートのプロフィールやライフスタイルをあらためて確認し、洞察をさらに深め、「いつ、どこで、どのような顧客体験を提供すると効果的か」をひとつのストーリーとして想定し、具体的な「顧客体験のシナリオ」を設計します。

　ブランド体験は、顧客にとって一種の「刺激」です。体験を重ねると心の中で記憶と感情が集積し、ブランドイメージが強く形成されていきます。この「顧客が形成したブランドイメージ」が、「企業側が意図したイメージ」と一致するよう、一貫性と継続性をもって刺激を提供していきます。ブランディングとは「選ば

れ続ける仕組みづくり」とお伝えしましたが、このようにお客様が選びたくなるような接点を創出し、以下のような循環するスキームを構築するのです。

ブランド体験

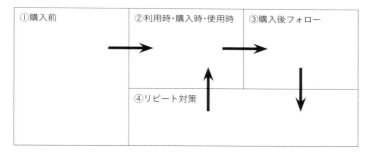

※参考：(一財)ブランド・マネージャー認定協会　ベーシックコーステキスト「ブランド体験」

ケーススタディ⑤　稲庭うどん小川のお客様との接点

BtoBかBtoCで考え方が異なりますが、先ほどの4つの流れでシナリオを設計していきます。例えば、稲庭うどんの小川さんのケースでいうと、重要な接点は次のように考えていました。

①購入前:DM(パッケージ変更の告知)、SNS、プレスリリース
　(Webサイト/ECサイトへの動線)

②利用時・購入時・使用時:Webサイト/ECサイト、店舗、国内
　外の展示会での試食
③購入後フォロー:SNS（レシピ集など）、DM、メールマガジ
　ン、パンフレット
④リピート対策:SNS（キャンペーン・新商品の告知など）、新
　商品開発、周年イベント etc

　それぞれの接点で、次のシナリオにつながるようにすること
も大切です。導入はホームページに来てもらいやすくするプレ
スリリースを制作したり、DMやメールマガジンのためにアド
レスを入手しやすくする仕掛けをおこなったりするといった工
夫が求められます。

【ステップ４】ブレイクスルー商品・サービスの開発
ブランドの魅力を鮮やかに打ち出す

　ブランド・アイデンティティを確立するプロセスで明確になった、自社ブランドの「独自的な価値」。これをストレートに体現した商品が自社に存在しているか——？　もし存在していないなら、既存商品を改革するか、新商品やサービスコンテンツを開発します。ブランドを象徴する、独自性とメッセージ性が強い商品は、ブランドを深く理解してもらう上で大いに役立ち、また顧客の心に強く響いて関係性の深化にも貢献します。

〔１〕商品・サービスの整理

　ブレイクスルー商品・サービスを設計する際には、「何を創るか？」を考える前に、まず事業視点で商品やサービスを整理します。

　多くの会社は、その時代のニーズや世間のブームに沿ってさまざまな商品やサービスを生み出し提供しますが、その後、時代が変わってもそれらをそのまま持ち続けています。そのためい

153

つの間にか、気づかないうちに売上に貢献しない商品や、会社として一貫性のない商品をたくさん抱えることがあります。

　この状態は経営的にあまり好ましくありませんし、顧客にとってもどのような商品を創っている会社なのか、何をしたい会社なのかが不明瞭になります。

　事業コンテンツの把握と整理をおこなうには、まず自社の商品やサービスを、ブランドにおける役割によって、3つのカテゴリに分類します。

◇「メイン商品」……売上・利益を生み出す
◇「サポート商品」……売上・利益をサポートする
◇「ブレイクスルー商品・サービス」……ブランドの価値観を強く体現し、市場にインパクトを生む商品やサービス

　分類したら、3カテゴリーそれぞれを精査して、現状においてその役割を充分に果たすことができているかを評価します。
　しばしば見られるのは、メイン商品とサポート商品はあるものの、ブレイクスルー商品が欠けていて、しかもどれにも当てはまらない商品やサービスをたくさん抱えている、というケースです。
　他社との違いや強みがあいまいな場合、その商品やサービス

を本当に継続するべきか、経営的視点から厳しく判断する必要があります。またブレイクスルー商品・サービスがない場合は、新しく創ることを検討します。

　メイン商品とサポート商品だけでは、差別化は実現しづらい状態です。だからこそブレイクスルー商品によってブランドイメージを引き上げて、メイン・サポート商品の評価アップにつなげ、利益の増加や底上げに貢献することが必要なのです。

　ブレイクスルー商品は、かならずしも新商品である必要はありません。独自性のある既存商品が存在するなら、その商品のメッセージ性や刺激性、先鋭性を伸ばし、新たに発信すればよいでしょう。

　また、新規開発する場合は、ビジョン・ミッション、ブランド・アイデンティティ、そして３Ｃ分析の自社分析などを振り返り、自社のシンボルとしてふさわしい商品を企画します。

〔２〕People×4P®が組織の文化を変える

　具体的なブレイクスルー商品の案が定まったところで、「マーケティングの４Ｐ」をおこないます。

◇Product（商品）
◇Price（販売価格）
◇Place（販売チャネル・商圏）
◇Promotion（プロモーション）

の頭文字をとって４Ｐと呼ばれています。

　私たちは、この４Ｐにくわえて、もう1つのＰを掛け合わせています。それが、**「People」(人・組織・集団)**です。

　ブレイクスルー商品の設計においても、これらの視点を取り入れることで緻密な実行策を立案することができます。ここでは、それぞれの概要をお伝えしましょう。

◇Product（製品・サービス）戦略

　製品戦略は、４Ｐの中核となる戦略です。まず製品のコンセプト、顧客に提供する価値、競合と比較した優位性、生産設備や必要な技術を明確にした上で、具体的な「製品の特長」「ラインナップ」「品質レベル」「デザイン」「保証・サポート」などを決めていきます。

　ブレイクスルー商品・サービスの開発の場合は、ブランディングのプロセスで、基本的なことは明確になっていますので、あらためて確認しつつ詳細部分の設計に入ります。

◇Price（価格）戦略

　価格については大きな方針として「コスト基準型」「競争基準型」「マーケティング戦略基準型」があり、ブランディングの場合はマーケティング戦略基準型をとります。その上で「標準価格」「仕入れ価格」「支払方法」「取引条件」などを決めていきます。

　一般的に顧客は価格が安いほうを好みますが、その一方で、安い価格の商品は「ただの安物」「安い価格に見合った価値しかないもの」というイメージを顧客にもたらす可能性があります。

　特にブレイクスルー商品の場合は、ブランドの旗印なので、安い価格をつけたり、値引きをしたりすると、逆にブランドの価値、ブレイクスルー商品の価値を損ねてしまうリスクがあります。

◇Place（流通・販売チャネル）戦略

　流通・販売チャネル戦略では、「流通チャネル」「販売チャネル」「品揃え」「在庫」などを決めていきます。戦略の中心のひとつ、「流通チャネル」は顧客に商品が届くまでの経路のことで、配送、問屋、小売業者など外部関係者を含めた領域です。もうひとつの中心となる「販売チャネル」は、自社ECサイトでの直販、ネットモールでの通販、実店舗での販売など、おもに販売方法や販売場所と考えることができます。

　流通・販売チャネル戦略で販路を拡大すれば、顧客にとって商

品を購入する手段が増え、売上向上につながる可能性が高まります。また戦略をうまく活用すれば、潜在的な顧客の獲得や、顕在的な顧客の利便性を向上するなど、ブランドと顧客両者にとって好ましい状態を実現することができます。

◇Promotion(プロモーション)戦略

プロモーションは、ブランドに対する顧客の認知を高め、好意的なブランドイメージを形成し、実際の購買につなげることを目的とした活動全般を指します。具体的な取り組みの手段としては、おもに「広告・宣伝」「広報・ＰＲ」「人的販売」「セールスプロモーション」「口コミ」に分類されます。

それぞれ目的、効果、コスト、リスクなどが異なるため、ブランドや商品、ターゲットとなるペルソナの特性を振り返り、最適な手段を組み合わせて実行します。ブレイクスルー商品は、パブリシティ獲得と口コミの拡散に大きなアドバンテージがあるため、しっかり注力するよう心がけます。

◇「People」(人・組織・集団)

ここまでマーケティングのフレームワークとして、４Ｐを説明してきました。この４Ｐの土台となるのが、本書の中で繰り返しお伝えしてきた「人の情熱や想い」です。これが、第5のＰである「People」(人・組織・集団)になります。想いや情熱が組織に浸

透している企業を分析すると、次の3つの要素に分けられます。

〈経営〉経営者の情熱／意思決定の質／傾聴力／サーバント
　　　　リーダーシップ
〈現場〉社員のやる気／誇り／モチベーション／声をあげる勇気
〈集団〉組織文化／風通しの良さ／心理的安全性／在り方の多様
　　　　性

　ブレイクスルーブランディングでは、〈経営〉から〈現場〉、そして集団全体が変わっていく流れが基本になりますが、〈経営〉と〈現場〉が関係なく話し合うことで、組織の変化が起こりやすくなると考えています。
　私たちがブランディングに関わるアイデアを考えるとき、経営層だけでなく、社員の方々も巻き込んでワークショップをおこなうのは、**変化のスピードが大きく変わるからです。**もちろん、旗印として掲げるブランド・アイデンティティも重要なのですが、そのアイデンティティを皆で考えるプロセスが組織を変えていくのです。こうした組織文化の変化が、他の４Pに波及していきます。
　ここで、小川さんの例を見てみましょう。

ケーススタディ⑥　稲庭うどん小川の「People」の変化

　社長の小川さんにブランディングをする前の組織を振り返ってもらうと、ブランドを「守る」という意識が強く、また社員の頑張りや意見をなんらかの形にしたいと考えていたけれど、なかなか実行できていなかったそうです。社員の方々も、生真面目で職人気質の社員たちが多く、職能ラインどおりのコミュニケーション内容にとどまっていました。さらに理想の自社イメージ/製品イメージは各人でバラバラだったそうです。

　4 P×Pの「People」としてはうまく機能していなかったといえるでしょう。

　しかし、経営層や社員もワークショップに参加することで大きく組織が変わり始めます。

　小川さんは、社員の方々はワークショップのような場は苦手だと思っていました。しかし、ブランディングのワークショップを重ねるうちに、社員の方から企画の提案がどんどん出てくるようになったのです。社員の皆さんも社長たちと話す中で「もっと提案していいんだ」と社内の壁が壊れたそうです。もともと、他社とコラボレーションすることが少ない企業でしたが、「手延ベイノベーション」という言葉、そして社内の空気、カルチャーが変わったことで、老舗の鰹節問屋とつゆの開発を一緒にした

り、フランスの展示会にも積極的に参加したりするなど、下図の
ように連鎖的に好影響が生まれたのです。

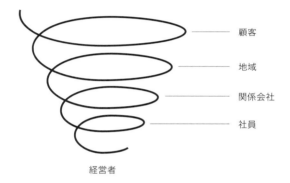

〔3〕ブレイクスルー商品・サービスのデザイン

　ブレイクスルー商品・サービスの設計の中で、非常に重要な要素がビジュアル・デザインです。商品の種類にもよりますが、多くの顧客が、商品の顔として出合うのがパッケージです。パッケージは商品を保護するとともに、そのビジュアルがもたらす印象が消費者を惹きつけ、購買の意思決定に大きな影響を与えます。

　パッケージの印象は、サイズ、形状、色、材質による質感、ロゴや商品名を中心としたグラフィックデザインなどが統合され、顧客の心の中で形成されます。そのため、それぞれがブランドや商品のコンセプト、特性をクリアに表現し、全体として統一された世界観、明確なイメージを打ち出すことが大切です。

　パッケージは決して添え物ではなく、商品の魅力を拡大して伝える重要なツールとして、ブランド力アップに貢献してくれます。

ケーススタディ⑦　稲庭うどん小川のパッケージデザイン

　一般的にはうどんと一緒になっているつゆは外部におまかせで製造しているケースがほとんどです。しかし、「手延ベイノ

ベーション」を掲げる小川さんは、鰹節問屋とコラボレーション
して、無添加のうどんに適した無添加つゆを独自に開発しました。つゆのパッケージとしては、鰹（カツオ）、鯖（サバ）、鰯（イワ
シ）の旨味をしっかりと打ち出しながら、一緒に味わってほしい
ということで、うどんのパッケージの世界観に合ったデザイン
に仕上げました。

【ステップ5】社内外への発信
世の中に自社ブランドを旗揚げする

　自社の想いやＤＮＡのエッセンスを凝縮した、ブランド要素や商品。これらを創ることができても、顧客に届けるための施策が不充分だと、ここまでの努力を台無しにしてしまいます。まずは社内にブランドのエッセンスを充分に浸透させ、その上で「顧客体験のシナリオ」や「ペルソナ像」を考慮しながら、戦略的にプロモーションをおこなっていきます。

〔1〕社内のブランド浸透プログラム

　ブランド浸透プログラムの対象はすべての社員、アルバイトを含む自社の従業員、そして取引先の担当者など、直接、顧客に接するか否かにかかわらず、ブランドに関与するすべての人におこなうことが理想的です。

　手段としては、ブランディングのプロジェクトメンバーを中心として、社内発表会や浸透研修をおこなうことが基本になります。

　このとき、メンバーは、これまでのプロジェクトで経験したこ

とを「整理された情報」として彼らに共有するのではなく、共感を広げていくような伝え方に配慮します。そのためには背景やプロセスを共有すること、社長や開発者など当事者の生の声を聞かせることが効果的です。

伝える内容は、「社長の想い」「会社のＤＮＡ」「ビジョン・ミッション」「ブランド・アイデンティティやブランドメッセージ」「ロゴに込められたメッセージ」「そのほかのブランド要素」「ブランドや商品の表現方法（統一ルール）」「ブレイクスルー商品にこめたメッセージや開発のプロセス」など、多岐にわたります。

どれも大切なことなので、できれば劣化しやすい一般的なプリント書類を手渡すのでなく、ブランドブックと呼ばれる小冊子などをつくり、配布すると、とても有効です。ブランドブックは何度も開いて活用しやすく、日常の判断や行動に反映しやすくなります。また形になったものは、持っていると愛着が湧きます。

企業によっては、手帳をつくって社員に手渡し、業務上の判断をするときに、理念やビジョンに合致しているか、行動指針に沿っているかをチェックすることを習慣化しているケースもあります。同様に、日ごろから携帯して活用するものとしては、「クレドカード」が挙げられます。また教育目的で、動画を制作するケースもみられます。こうしたツールを活用することも検討するとよいでしょう。

稲庭うどん小川のブランドブック（一部）

　社内浸透プログラムのポイントは、やはり対話です。すでにお伝えしたとおり、ブランディングはいわば「共感のドミノ倒し」なので、情報を伝えるのでなく、相手の心に届けること、心に響かせ共感を得ることを心がけます。

「社長はどのような想いで会社を運営しているのか」、それは整った文章だけではなく、社長が自身の言葉で、生の声で語って聞かせたほうが心に届きます。「商品の開発者と制作担当者は、どのような想いを持ち、どのような工夫や苦労をして創り上げたのか」、それも当事者が語ったほうが、商品を深く理解し愛着

を育むことにつながるでしょう。

〔２〕社外への発信

　社内への浸透プログラムを経て、今度は社外に対してブランドの情報やメッセージ、世界観を発信し、コミュニケーションを実行していきます。プロモーション活動の効果を上げる重要な秘訣は、実はプロジェクトのこれまでのプロセスにあります。

　プロジェクトでは対話・分析をおこなって、自社や競合、市場について深く理解してきました。そして自社の独自的な価値を見出し、市場における「勝てる立ち位置」を定めました。さらにブランド・アイデンティティを明確に表現するブランド要素を創作し、ペルソナとの接点とブランド体験（顧客体験）を設計。そしてブランドの旗印となるブレイクスルー商品・サービスを創り上げました。

　一歩一歩ステップを踏んで丁寧にこれらを実行することが、プロモーションを成功させるための着実な準備となっています。社外への発信は、このプロセスの最終段階として、これまでにおこなってきたことを見失わず、「一貫性・継続性」を持って発信し続けることが、もっとも重要です。

顧客とのコミュニケーションにはさまざまな手段があります
が、「ペルソナ像」と「ブランド体験」を充分に考慮して、効果的に
組み合わせて実行します。

　特にリソースが限られている中小企業の場合、低コストで高
効果な施策を実行することが重要です。そのため、ここでは「プ
レスリリースの発信」と、「自社メディアやＳＮＳによる発信」、
そして「他社とのコラボレーション」の有効活用についてお伝え
します。

プレスリリースの発信

　プレスリリースは、自社に関する新しい情報をテレビ、新聞、
雑誌、ニュースサイトなどのメディアに向けて、広く発表する公
式の告知です。

　メディアに掲載されるかどうかは、それぞれのメディアの判
断に委ねられますし、記事内容を自社がすべてコントロールす
ることはできません。

　その一方、広告と異なって無料である点は大きなメリットで
す（ＰＲメディアは有料）。また顧客が「広告と違って、客観性が
ある情報だ」と受け止め、情報の信頼性が高く評価される点も魅
力です。さらに、既存の大手メディアで紹介されれば、認知度と
売上のアップに貢献することが期待できます。

プレスリリースは自社で作成して、希望するメディアに直接、送付・送信することも可能ですし、外部に委託することもできます。

ただ送付・送信については、相手先、全社の正確な窓口部署まで自社で調べて発信するのはなかなか大変です。またメディアによって「ＦＡＸ」「メール（テキスト／ＨＴＭＬ）」「書面の郵送」など希望の送付方法も異なるので、事前に方法を確認することも必要になります。そのため、配信はプレスリリース配信業者に委託するケースが一般的です。

ここでは、新規開発したブレイクスルー商品のプレスリリースを自社で作成する場合について、基本的な注意事項をまとめておきましょう。

◇ブランドや商品を表現する言葉やフレーズは、プロジェクトで作成したものを使用する
◇基本情報だけでなく、「ブランドメッセージ」をはじめ、想いやストーリーを伝え、共感を誘うことに留意する
◇メディアはニュースバリューを「新規性」「社会性・公共性」「希少性」「話題性」「記念日性・季節性」などで判断するので、それらを意識して作成する
◇メディアによりターゲットが異なり、求める情報も異なるので、できるだけメディアの個性に合わせて、情報の切り口な

どを提示する

◇画像を添えるとわかりやすく、インパクトをもたらしやすいので、ふんだんに使用する(写真はプロカメラマンに撮ってもらう)

◇相手先にとって価値がありそうな、貴重な場所や場面、人への取材協力が可能な場合、あるいは商品の現物提供が可能な場合には、それを付記しておく

◇自社や商品の信頼性を損なわないよう、誇大な表現などを控える

　プレスリリースは、まず記者・編集者自身に興味を持って読んでもらい、自社が伝えたいことを正しく理解してもらうこと、さらに想いやストーリーなどから共感を持ってもらうことが重要です。その上で、彼らの立場に立って、ニュースの価値をわかりやすく提示するよう心がけます。中小企業の方とお話ししていると、プレスリリースは自分とは関係ないと思っているケースが多いのですが、中小企業こそプレスリリースは非常に重要です。

　ブランドを立ち上げただけでは、お客様には知られていない状態です。そこから自社を知ってもらうツールとしては、プレスリリースは非常に有効だと思っています。取引企業様には、リリースをメールで添付したり、DMで告知しながら、それ以外の方々に知ってもらうために、PR TIMESや@Press(アットプレ

ス）などの配信サービスを利用することがおすすめです。

ケーススタディ⑧　稲庭うどん小川のプレスリリース活用術

　今回も、再度小川さんに登場していただきます。ブランディングをスタートしてからプレスリリースを始めたのですが、さまざまなレスポンスがありました。第一弾は、

稲庭うどん小川による
「TENOBE INOVATION プロジェクト」始動
【第1弾 パッケージリニューアル】
ドラッグストア・スーパーへの導入が全国的に拡大中

　というタイトル。内容は、プロジェクトの背景、自社のアイデンティティ「手延べイノベーション」を打ち出しながら、パッケージデザインのリニューアルをしたことを伝えました。あえて、プロジェクトという形にしたのは、メディアの方に期待感を持ってもらうことで拡散しやすくなると考えたからです。リリース後は、早速ドラッグストアを始め、食品流通関係の方から問い合わせが相次ぎ、ラジオ局からも連絡があったそうで、

172

続いて、第二弾を

新発売「稲庭うどん専用めんつゆ」
〜秋田県・稲庭うどんに革新を〜
稲庭うどん小川による「TENOBE INOVATION」第2弾
【化学調味料・保存料無添加】旨味だしの香りが、めんの味を引き
立てます

　として、つゆの開発の経緯などを紹介。こちらのリリースで
は、国内だけでなく海外からの反響があったようです。ほかに
も、「日本パッケージデザイン
大賞2023に入選」や「産学官
連携プロジェクトに参画」と
いったように、何かニュース
があるたびに発信を続けてい
ます。発信を続けてくると、
Webの検索でも表示されるよ
うになり、取り上げてもらい
やすくなります。

プレスリリース

自社メディアやＳＮＳによる発信

　インターネットの影響力が増大した現在、ビジネスでもオンラインのコミュニケーションが欠かせません。現在ではどの企業も公式ホームページを開設し、ソーシャルメディアを複数、運用することが一般的になっています。

　効果を拡大するには、メディアそれぞれの特性を理解した上で、戦略的に活用すること、そして「一貫性」と「継続性」をもっておこなうことが大切です。基本的には自社の公式ホームページを開設し、必要に合わせＥＣサイトを開設したら、ソーシャルメディアの活用を検討します。主要ＳＮＳでは、企業アカウント、ビジネスアカウントなどの設定を設けているところが多く、またビジネスと直接、連携できる機能など、提供されるサービスが年々、拡充しています。

　気をつけたいのが、ブランドが発信したメッセージを受け取った人々の反応、コメント、情報の拡散は、企業が期待したとおりに運ぶとは限らないということです。

　対策のひとつは、投稿はもちろんイベントや体験会などを開催して丁寧なコミュニケーションをおこなうことです。参加者の信頼や好感を得ることで、ブランドに対して好意的な口コミを自発的におこなってくれることが期待できます。同じように、ネット上の低評価や苦情に対して、誠実かつ親身な対応をすることも重要です。

ケーススタディ⑨　小池精米店のコンテンツ例

　第1章でお伝えした「三代目 小池精米店」のケースでは、SNSが非常に大きな役割を果たしたいきさつをお伝えしました。その成果は、ブランディングによってメッセージの一貫性が確立されていたことをはじめ、小池さんの熱意や人柄がよい形で表現されたこと、楽しませるための創意工夫があったことなどが要因になっていますが、それらが実を結び、検索エンジンの結果が上位表示されるようになったのは、小池さんがコツコツ継続的に発信し続けたことが大きな理由です。取り上げていただいたメディア情報はもちろん、参加したイベント、執筆した業界誌の記事ダイジェストなど、あらゆるコンテンツを発信していました。

　また小池精米店さんは、Facebookを上手に活用しています。

　ブランディングのときに「SNSやWebを頻度高く更新することが大事ですよ」とお伝えしたのですが、ご自身の方針に沿って実行し続けていたのです。「産地直米、お米を楽しく」という言葉通り、農家さんを訪問したときには必ず写真付きで発信していましたし、一般社団法人おにぎり協会のおにぎりアンバサダーとしてお米に関するクイズ形式の投稿を高い頻度で投稿しています。闇雲にプライベートな投稿や、個人発信の割合が多くなっ

てもブランディングにはつながりません。

　こういったブランド・アイデンティティに沿った発信を続け
たことで、独自のポジションを確立し、反響だけで営業ができる
仕組みができていったのです。今では、Facebookの友達も3000
人弱にまで増えて、ひとつのメディアとして機能しています。

　ただ、業界によっても発信する内容は変わってきます。どう差
別化するか、ほかがやっていない部分をどう出していくか、を考
えてみましょう。

他社とのコラボレーション

　コストをかけず、効果的なコミュニケーションを実現するも
うひとつの手法として、コラボレーションについてお伝えして
おきましょう。

　ここでいうコラボレーションは、「三代目　小池精米店」が、
Loft店舗で「ごはんフェス®」を開催したケースのように、他ブラ
ンドと協働、共創することで、両者がメリットを受ける取り組み
です。

　コラボレーションによって、企業は強みを提供し、弱みをパー
トナーに埋め合わせてもらうことができます。自社が保有する
「ヒト」「モノ」「コト」「ワザ」を中心としたリソースを、喜んで求
めてくれるパートナーに提供し、パートナーからは自社が保有

しない、あるいは足りないリソースを提供してもらいます。

　私が以前におこなったコラボレーションのケースでも、さまざまなリソースを提供し合っています。

　自社のリソースだけで戦う自己完結型の施策とくらべて、コラボレーションはスピーディかつ低資本で、ビジネスの可能性を大きく膨らませてくれることが期待できます。ときに、想像もしていなかった形のブレイクスルーを体験できることもあります。

　コラボレーションの相手企業は、異業種他社だけでなく、場合によっては同業他社とも成立可能です。また企業の規模に関係なく、交換価値が合えば、大企業ともパートナーシップを組むことができます。実際に、素晴らしい「ワザ」を持っている小規模な会社が、誰もが知る大企業とコラボレーションするケースはめずらしくありません。

　コラボレーションによって、どのようなメリットが得られる可能性があるか、代表的なパターンを挙げておきましょう。

◇パートナー企業の既存顧客に、自社商品の販売促進をおこなう
◇パートナー企業の流通チャネルを使い、新たな市場を開拓する
◇パートナー企業とコストを折半して、共同のプロモーション活
　　動をおこなう

◇パートナー企業の技術力、商品力を利用して、自社の新商品を
　開発する
◇パートナー企業の信頼度を利用して、自社のブランド力を高
　める

　コラボレーションを実現するには、相手企業が「価値が高い」
と評価するものを、自社が提供できなければなりません。その
点、ブレイクスルーブランディングをおこなったブランドは、独
自的な価値を明確に把握し、打ち出すことができているので、実
現性に関して有利です。
　異なった競争優位性をもった企業と手を組むコラボレーショ
ンは、成長を加速させる絶好のチャンスになるかもしれません。
　ここまでに、ブレイクスルーブランディングの重要なノウハ
ウとして、社内外へのブランド浸透戦略の大切なポイントをお
伝えしてきました。このプロジェクトでは「経営者の想い」と「企
業のDNA」という形のないものに、ぴったりの言葉と姿をまと
わせて、商品やブランド要素という実体にしてきましたが、それ
をお客様のもとへ届けるための、重要な架け橋となるプロセス
です。このプロセスを適切におこなうことによって、企業の想い
が、お客様の心を響かせることにつながります。

第 5 章

いかにして
ブレイクスルー
ブランディングは
生まれたか？

CROSS TALK 1

稲庭うどん小川

～先代が創り上げた「誇れる商品」を たくさんの人々に伝えたい～

———

社名：株式会社 稲庭うどん小川 ｜ 設立：1982年（昭和57年）
本拠地：秋田県湯沢市稲庭町
業態：稲庭うどん、麺つゆの製造・販売

ブランディングのご依頼内容
＊ 競合と比べて手薄に感じられる認知向上の取り組みに注力したい

参加者

代表取締役
小川博和さん
写真｜左上

専務取締役
小川選子さん
写真｜左下

（取材・撮影　2021年12月）

城下町として栄えた豪雪の地、稲庭で生まれ、およそ400年の歴史を持つ稲庭うどんは、今や全国で愛される定番の人気麺です。「稲庭うどん小川」は、創業者である先代の小川信夫さんが「本物の味をつくりたい」と志して最良の原材料と製法を見出し、実直に創り上げた稲庭うどんを製造・販売しています。現在は、代替わりをした先代の娘さんご夫婦が伝統を守りながら挑戦を重ね、独自のこだわりをもった商品の提供を海外にまで広げています。

「良質で美味しい商品をつくっているけれど、伝えられていない」というもどかしさ

長田　お会いしたばかりの頃、小川さんは商品の認知を広げたい、ということに課題意識があったんですよね。

選子さん　そうなんです。製法を確立して、手を抜かず、生真面目にいいもの、美味しいものをつくっているという自負はあったんですけれど、それをどのようにお客様に広くお伝えすることができるのだろうという想いがありました。稲庭うどんのメーカーはたくさんあって、各社それぞれが「〇代目」と老舗であることをアピールしたり、「モンドセレクション受賞」と宣伝したり、テレビＣＭについても「夕方のこの時間になると、あの会社のＣＭが流れるよね」と認知されているメーカーさんもあるんです。でも当社にはそのようなものが何もなくて。

博和さん　創業四十周年を迎えましたが、当社は競合の中では後発で、歴史もなければのれんもない会社です。けれど先代は「後発で始めたからこそ、ほかに負けない商品をつくりたい」と、こだわりの原料から製法に至るまで、ほかの会社がやらないことに挑戦してきました。そして人の手を活かした繊細な製法で、誇れる商品を創り上げることができたんです。私たちも先代から挑戦する精神をしっかり

引き継いで取り組んでいきたいという想いはつねにありました。

選子さん　それで先代が志を持って創業したこの会社と、苦心して創り上げた稲庭うどんを、私たち二代目がどう継承していくかを考えたとき、自分たちの役割は、この美味しい稲庭うどんを広めることだと思ったんです。

博和さん　味にも値段にも納得していただけるものを提供しているという想いがあります。それともうひとつ、うちの会社は研究熱心で生真面目に商品を創っている社員が多いんです。その社員たちの頑張りを形にして表に出したいな、という想いもありました。

長田　僕は製造過程をじっくり見せていただきましたけれど、小川さんの稲庭うどんは本当に繊細な職人技でつくられているんですね。

博和さん　稲庭うどんには、画一化された規格や製法がありません。だからこそ、職人の手にかかっているんです。例えば、生地の寝かせ方は重要なポイントのひとつですが、季節・気温・湿度・天気によって熟成のスピードが変わりますから、スタッフは毎日、朝・昼・晩と、状態の確認に努めます。それから麺の太さや吊るし方、乾燥のさせ方でも品質が変わります。触りながら確かめ、計測器を使って確かめ、日に何度も保管場所を変えながら品質を保っているんです。

長田　機械製法では再現できない、特別な価値ですね。

ブランディングに慎重、
消極的だった姿勢を変えたもの

選子さん　実は長田さんからブランディングについてお話をうかがってから、やるかやらないかすごく迷ったんです。それをおこなうことで、どういう成果が出るか見えなかったので。

長田　僕はそんな小川さんの警戒心をひしひしと感じていました（笑）。それで、ブランディングについて具体的なイメージが湧かないようでしたので、工場にお邪魔した際に、経営層の皆さんたちにブランドづくりのお話を2時間くらいさせてもらったんです。

博和さん　その際、長田さんたちのお話に私がすっかり引き込まれてしまって（笑）。ブランディングは、自分たちのブランドをどう思ってもらいたいか、それをはっきりさせて、商品に想いを込めて、メッセージを伝えるものだということを教えてもらいました。そこで、経営層で話した後に社員たちとのディスカッションもしていただきました。

長田　小川さんは商品づくりに情熱を傾けていらっしゃるので、客観的に自社のことを考えたりディスカッションしたりする機会はあまりないのではないかと思いまして、実際に社員の方々の意見をうかがってみたんです。すると自社について抱いているイメージがそれぞれ異なっていましたから、これを共有する機会を持てば、そのあと、皆さんが同じ方向を見つめて一丸となって進んでいけるなと思いました。

選子さん　長田さんとは、なんとなくフィーリングが合うというか、お人柄に温かみがあって、寄り添うようにして考えてくれる。そういった面でまず安心できたので、いろいろ相談しながら、今の時代に合った情報発信をしていこうと、ブランディングをおこなうことを決めました。私の母も、何回もご一緒したわけでもないのにすっかり長田さんたちのファンになって（笑）。

力強い武器になる〝自社の本当の魅力〟を第三者の目で見出そう

長田　今回、小川さんのテーマは情報発信ですが、価値の伝え方でいうと、味には人それぞれの好みもありますし、「美味しい」と伝えるだけでは、お客様の心を捉えることが難しいのも事実です。では何を

伝えていこうか考えたとき、小川さんが持っている、後発だけれども徹底的に品質にこだわっていらっしゃるところと、新しい取り組みを志すマインド、革新性を形にしたいな、と思っていました。例えばこだわりのひとつに「油不使用」がありますね。これも発信するべき魅力のひとつです。

博和さん　一般的には、麺を伸ばす〝手延べ作業〟をおこなうときに油を使うんですが、当社では使いません。ただ、これは当たり前におこなっていたことですので、伝える価値があるとは思っていませんでしたね。

長田　今は食べるものがヘルシーであることをすごく重要視して考える方が多いので、「油不使用」はひとつの魅力になるんですよ。それから小川さんの稲庭うどんには、麺に小さな気泡が含まれていますよね。ゆで時間が早くなるとか、ゆであがったときにこの気泡が弾力を持って心地よい食感を生むとうかがっています。これも積極的に伝えていきたいポイントだと思いました。

選子さん　日本全国、いろいろな麺がありますけれど、気泡が含まれているのは稲庭うどんだけなんです。競合の中には、麺に気泡が含まれないこと、制作過程で気泡を徹底的に排除していることを売りにしているメーカーさんもあるんですけれど、当社はこの気泡が生

み出すコシを大切にしています。ゆでたあとにも保たれるこの気泡
は、ただの穴ではないんですね。これが稲庭うどんにとって大事な食
感なんです。

博和さん　手で生地を練る段階で、もうこれ以上、練りができない
くらいまで練り続けないと空気が入り込んでいかないので、作業は
大変です。ほかにも使う塩水の水温とか、季節に応じた扱い、体験で
知っている勘が、気泡を生み出しているんです。

自分・自社・競合・顧客を深く知る〝ブランディングの最初の一歩〟

長田　ブランディングの最初のステップでは、会社の歴史や先代か
ら受け継いだDNA、自分たちは何を望んでいるのか、どのようなお
客様に自社の商品を選んでもらいたいのか、などを掘り下げていく
ワークショップをしました。

選子さん　これは本当にたくさんの発見がありました。時間をたっ
ぷりかけて、いろいろな視点で何度も深く会社のこと、お客様のこ
と、自分のことを考えていきましたから、自分でも気がつかなかった
想いを知ることにもなりましたし、お客様についても、これまで考え

ているようでちゃんと考えていなかったんだなということもわかり
ました。

博和さん　自分にとって目指す将来像や、理想の社会はどんな社会
なのか、そういう社会にするために、自分たちは企業としてどんなふ
うに活動していけばいいのか、という視点も新鮮でした。じっくり考
える機会をいただいたことで、普段は考えないようなことに思いが
及びましたね。

選子さん　それから商品を買ってもらいたいお客様像、「ペルソナ」
を明確にしましょうというワークでは、お客様を具体的にイメージ
して、どんな好みがあってどんな暮らしをしているかを書き出して
いったんですよね。名前までつけましたからね（笑）。社員たちを集め
てグループに分かれておこなったら、ひとつのグループのペルソナ
は外国の方でした。そこまで手を広げて考えているのか、と驚いたり
感心したり。

長田　こういうさまざまな視点を持って深く洞察するトレーニング
をおこなっている企業さんは、実はすごく少ないんです。とても大事
なことなんですけれど。

博和さん　私は自社や競合、お客様の分析をおこなって、強みは何

か、弱みは何かを明確にして、では何をしよう、どんな方向に進んでいこう、と答えを見つけていく作業がとても面白かったですね。

選子さん　問題を抱えて自分たちだけでああでもない、こうでもないと考え込むのでなく、考え方の手順に沿って答えを見つけていくのは、はじめての体験で楽しかったです。それに、こうして出した答えは誰かから指示されたわけではなくて、しっかり自分たちを見つめ直して出した答えなので、納得感がありました。こういうやり方であれば、示された方向に迷いなく進んでいけるなと思います。

長田　そうですね、経営者はもちろんですが、社員一人ひとりの納得感はすごく重要です。そこに行きつくのに時間はかかるんですけれど、自分が心から信じられる答え、共感できる答えを手にすると、ブレることなく、いろいろな決断をすることができますし、自然と責任感も出てくると思います。

博和さん　社員たちの意見を吸い上げて、それを一本の柱に束ねたので、一体感が出たように思いますし、迷いなく邁進していけるかなと思います。

選子さん　私たちは経営者なので、先頭を走っていくしかないんですけれど、社員たちがあとをしっかりついてきてくれる、ということ

を感じられました。これは幸せなことだなと思っているんです。例えばこのワークショップで、「人々が日々の出来事や人とのつながりに感謝して、互いに手を取り助け合って成長していける会社や社会であってほしい」という理想の姿がはっきりしました。これは多くの人がなんとなくそう思っていることなのかもしれませんけれど、心の中ではっきり自覚して、従業員みんなで共有できたら、それだけでも何かが変わるように思うんですよ。みんなが優しい気持ちでつながって進んでいけると思います。

伝統食品〝稲庭うどん〟の会社が
なぜ「革新性」を追求したのか

長田 競合のブランドはどんな立ち位置にあるか、稲庭うどんの業界をマトリックスで表したポジショニングのワークはいかがでしたか。

選子さん すべての競合さんが同じポジションにいることがわかって、これは衝撃的でしたね。そして、そうであれば真逆のポジションを狙うべきだよね、ということで「革新性」を追求していこう、と具体的な方針が明確になったんですけれど、こうして示されなければ、「当社が目指すのは革新性」と言われてもみんなピンとこなかったと

思います。新しいことをやっていこうという想いはあっても、どうしても伝統的な食を扱う事業だという思い込みが強いんですね。

博和さん　実際に競合さんの商品を並べてみると、パッケージの見た目も、そこに書いてあることも似たり寄ったりでしたね。400年の伝統があるとか、秋田の発祥であるとか。お客様はどうやって商品を選ぶのかを考えたら、歴史や伝統だけを掲げてもダメだな、と気づくことができました。

選子さん　もっと大切に伝えなくてはいけないのは、自社のうどんがどんな食味か、そこにどんな想いやヒストリーが含まれているかっていうストーリー性だなと実感しました。それで、パッケージに打ち出していくことになったんですよね。

長田　発信するためにはウェブサイトやプロモーションなどいろいろな方法があるんですけれど、まずはお客様との接点としていちばん多いパッケージを使って伝えることが、効果の上でも高いだろうと考えました。僕の構想としてはまず、ブランド名「小川」を、目立つように配置すること（笑）。

選子さん　そう、これまではパッケージのあちこちを探さないと当社の名前が見つからない状態だったんです（笑）。本当にいけなかっ

たですね。

長田　それから革新的なイメージをデザインで表現しながら、小川さんのこだわりの部分をパッケージにしっかり載せて伝えたいと思いました。それも文字情報を多くする方法でなく、ハンコのようなデザインを利用して、印象的に、直感的に伝える。小川さんには、ほかにも稲庭そうめんとか稲庭半生うどんとか商品ラインナップがありますので、それぞれのこだわりを同じように表現して、ブランドの統一感を出すという方法を考えていました。

「挑戦することへの不安」
「他社からの抵抗」を乗り越える

選子さん　パッケージを刷新することになったときには、本当にやるべきか、1か月、悩んで眠れなかったです（笑）。ちょうど年末年始をはさんでプロジェクトを進めていて、この悩み苦しんだお正月のことは一生忘れないだろうな、と思いながら過ごしていました。

博和さん　創業の1982年から使用していた商品パッケージで、これまでに変更したことは一度もなく、ずっと同じものでやってきたので、お客様が離れていってしまうんじゃないか、先代が築いてきたも

のを壊してしまうことになるんじゃないかという不安がありました。

長田　そういったお気持ちをうかがっていましたので、パッケージの案も「旧パッケージとあまり変えない案」「もう少し変更した案」「大きく変更した案」の３案をご提案させていただいて（笑）、私としては、いちばん大きく変更した案が最初からおすすめだったんですが、最初は抵抗感が強かったようですね。

選子さん　なかなか父にも言い出せませんでしたし、「失敗したら大変なことになる」「引き返せない」という想いが強かったんです。ところが思い切ってやろうと決断して、つくっていただいたデザイン案を父に見せたら、あっさり「これはいいね」「やってみたらいいだろう」「もし駄目だったら、戻せばいいだけのことだ」と言ってくれて。本当に安心しましたし、それからは迷わずに進めていくことができました。

長田　この「先代の壁」だけでなく、取引をしている「商社の壁」もありましたよね。

選子さん　商社はとにかく猛反対でした。いちばん多く取引をしていただいている商社さんにご意見をうかがったら、誰も首を縦に振らない（笑）。それで社長もだんだん押され気味になってしまったの

を、私が一生懸命に鞭を入れたんです（笑）。

博和さん　売る立場の方の意見は重いですよね。そのとき「先々どうなるかは別にして、パッケージを変えた直後はかならず売上が落ちますよ」と断言もされて、私としては衝撃でした。ほかにも「高齢の方だと、小川さんの商品だとわからなくなってしまう」とか、さまざまな具体的なお話をされたんです。

選子さん　私は進めるべきだと思っていたので「稲庭うどんという表示しかない商品と、無添加で原材料にこだわっていますと書かれている商品がふたつ並んでいたとしたら、私は絶対に無添加で原材料にこだわっているほうを選びますよ」とお話しして、なんとか納得してもらった感じでした。

博和さん　最後には「応援します」とおっしゃってくださったんですけれど、かなり難航しました。

長田　その商談のあと、すぐにお電話をいただいて、「商社さんにも納得してもらえました」とお聞きして、僕もうれしかったです。安心しました。

パッケージ刷新から始まった
「TENOBE・INNOVATION」

長田　新しいパッケージをつくることになって、ワークショップを開いて社員の皆さんに意見を出してもらったら、従来のパッケージはあまり好評ではありませんでしたね。

選子さん　そうでした。「うどんを打っているおじさんのイラストが古臭い」とも言われました（笑）。つくった当初は「田舎っぽくていいね」と満足していたんですけれど、ブランディングとして「革新的」を方針にしましたから、おじさんのイラストは真っ先に変更することに。それから高級麺なので、どうして値段が高めなのか、その理由がわかりやすい形で伝わらないと、お店で当社の商品を見かけたお客様から、手にも取ってもらえないと思うので、「高いけれど、こんなこだわりがあるんだ」「こんなふうに特別な美味しさがあるんだ」とパッケージを見てわかってもらって、その上で「じゃあ、ひと束買って食べてみようかな」という気持ちになってもらえることを目標にしました。

博和さん　長田さんには製造現場を丁寧にご覧になっていただきました。私たちにとっては当たり前の見慣れた光景ですけれど、仕上がったパッケージデザインを拝見したとき、こんなふうに活かされ

るのかと感激しました。

選子さん　製麺工程で麺を綾掛けにする作業を「一つひとつ丁寧に布を織る、機織りのようですね」と言われて。そんな印象を持っていただけたのもうれしかったです。

長田　僕のほうは見事だなとか、きれいだなと、ひたすら楽しんでいたんですけれど（笑）。ブランド名である「小川」の文字は、乾燥室で丁寧に麺が干されている様子をデザイン化しました。それを中央に置いて、「油不使用」「美味美泡麺」「五段熟成」という商品に対するこだわりを一つひとつハンコにして載せました。

選子さん　派手すぎず、でも重厚感がある現代的なデザインで、目を引きますよね。とにかく「小川」というブランド名が一目瞭然なところが、以前と違って素晴らしい（笑）。「稲庭うどんにもいろいろあるけれど、この小川っていうのが美味しいよね」と覚えてもらいやすくなったと思います。指名買いしてもらいたい、というのが当社の願いなので、それにつながるパッケージができて大満足です。

長田　パッケージを刷新したあと、心配されていた売上のほうも落ちることなくてよかったですね。

選子さん　販売数は落ちるどころか伸びていって、反響もとても好評だったので、ブランディングをして本当によかったなあと思いました。そして、中途半端なことをしなくてよかったとも実感しています。当たり障りのない方法を選ぶという道もあったんですけれどね。

博和さん　思い切った道をとったのがよかったのでしょうね。バイヤーさんが「ちょっと置いて試してみたい」とおっしゃるケースが結構ありまして、その年の冬からスーパーやドラッグストアなど、新規の導入店が増えたんですよ。それから年配のバイヤーさんが、「これ、俺が納入したんだよ」と自慢げに言ってくださったのもうれしかったですね。販売数は、パッケージを変える前と比べて130%くらいを維持できているので、売上面でも大成功です。

ブランディングの第2幕 オリジナルの新商品
〝稲庭うどんつゆ〟の開発へ

長田　小川さんでおこなっているブランディングは、パッケージデザインのリニューアルで終わりではなく、これは「TENOBE INOVATION（手延べ・イノベーション）」と名づけたプロジェクトの一環で、いいスタートになったと思います。そのあとにおこなったのは稲庭うどんつゆの開発でした。これは、江戸時代創始の鰹節問屋の

丸眞株式会社さんが、小川さんと同じように積極的にイノベーションをおこなっていらっしゃるので、両社でコラボレーションをしたら大きなパワーになるのではないかな、と思っておつなぎしたんです。

選子さん　丸眞さんの監修で、オリジナルの本当にいいおつゆができました。こだわってつくった当社の稲庭うどんを、こだわってつくったおつゆで食べていただけるようになって、提供する私たちも満足しています。以前は、比内地鶏をベースに使った麺つゆを提供していたんですけれど、それは特にこだわりがあったわけでなく、すすめられて使い始めたんです。でも、気がついてみたら「そんなに地鶏の風味がするかな？」と疑問に思って。あと子どもたちや高齢になった親にどんなものを食べさせたいかを考えたとき、やっぱり無添加で、自然の風味が豊かで、身体にいいものを食べさせてあげたい、それを商品にしたいと思いました。

博和さん　開発の最初の頃におこなった、競合さんのおつゆの食べ比べは、社員たちも楽しんでくれていました。いろいろなおつゆを集めてみんなで分析して、意見を出し合って方向性を決める。それで「すっきりとした味わい」「賞味期限 1 年以上」「個食パック入り」「濃すぎずすっきりした色」というふうに、条件が決まったんです。

選子さん　あれよあれよという間に、稲庭うどんに合った美味しい
おつゆができあがりましたね。無添加で、昆布とかつおの風味が豊か
で、色がきれいで、稲庭うどんの白を際立たせてくれるおつゆで、自
信を持って提供できます。

長田　動物性の原材料を使わない「ヴィーガン（完全菜食者）つゆ」も
開発されましたよね。

選子さん　はい、昆布としいたけから取った出汁でつくった麺つゆ
です。ヴィーガンの方は海外に多いので、こういった海外のニーズに
合わせた商品の提案も、これからは必要かなと思っているんです。
　市場調査も兼ねまして、パリでおこなわれた食品見本市「シアル・
パリ2022」の秋田県ブースに出展して、現地の方々に召し上がってい
ただいて意見収集もしたんです。

34か国との直接取引を足掛かりに
「ＵＤＯＮ」を世界に広めたい

選子さん　当社は20年以上前から海外への輸出をおこなっていまし
て、最初はいちばん取引規模が大きい問屋さんを通して、アジア圏を
中心に販売をしていました。そのうちに「稲庭うどんの製法や美味し

さを伝えながら、自分たちの手で売りたい」という気持ちが強くなって、今はオンラインで各国のバイヤーさんたちと直接、商談をしています。バイヤーさんは日本が大好きで日本の商品を取り扱っている方々が多いので、好意的に話が進んで、商談がまとまるケースが多いんです。今は34か国と取引をしています。

博和さん　実は競合さんも海外に商品を出されているんですが、現地のバイヤーさんは決して商品を吟味して選んでいるわけではないんですよ。何かの機会に紹介されて、稲庭うどんというアイテムをいいと判断して買われている。そういった方に対して、新たに私たちが商談をすると、製造者の顔が見えるということで安心してもらえますし、製造過程やこだわり、美味しい食べ方などをお伝えすると、当社を選んでくださることが多いですね。

長田　今はヨーロッパとも取引されていますよね。アジア圏とくらべて難しさはありますか？

選子さん　ヨーロッパ各国は、稲庭うどんの市場としてはほとんど介入している業者がいなかったので、一からの開拓なんです。でも稲庭うどんはご存じなくても、日本食に馴染んでくださっている方は多いんですよね、和食はユネスコ文化遺産にも登録されて話題にもなりましたし。商談相手のバイヤーさんだけでなく、現地でおこなわ

れる展示会などのイベントでも反応がよくて、フランス、イギリス、ドイツの方々からもよい評価をいただけているんです。「うどん」が「ＵＤＯＮ」として世界に広まっていくように努めるのが私たちの役目とも思っていますから、ゆくゆくは世界で、「稲庭うどんといえば小川だよね」と認知していただけるように頑張っていきたいですね。

長田　小川さんはヨーロッパでの展示会やイベントにも積極的に参加されていて、こういった海外での活躍が日本の新聞やテレビで報じられて、日本の方々への認知が広がるのもうれしいですね。ＮＨＫのニュース番組で長い時間を割いて、しっかり紹介していたのを拝見しました。

選子さん　2001年に、フランスのパリのリヨン駅で、日本の駅弁文化を味わってもらおうというイベントがありまして、期間限定で「鶏めし弁当」と「秋田弁当」が売られたんですね。そのお弁当のおかずに、当社の稲庭うどんを選んでいただいたんです。茹でたてというわけではないので最高の味ではないと思いますが、それでも知っていただけるいい機会になったと思いますし、その後にパリで開かれた物産展にも採用していただきました。

博和さん　それがきっかけで、ＮＨＫさんからお声がけをいただいて、秋田県の夕方のニュース番組で当社のブランディングの取り組

みや海外進出について放送していただきました。その反響がすごく
よかったということで、2週間後にはＮＨＫの東北版の朝のニュー
ス番組でも放送されました。

選子さん　やっぱり影響力がすごく大きくて、知人から応援の電話
をもらったり、番組を見て商品を注文してくださったり、お店を訪
ねてきてくださったりする方がたくさんいて、本当にうれしかった
です。ＮＨＫですから宣伝にならないよう社名は紹介していただけ
ず、看板がちらっと映ったくらいだったんですけれど、皆さんよく見
つけてくださったと思います。ありがたいことでした。

長田　今では海外進出の経験を買われて、日本で「海外展開セミ
ナー」に登壇されてノウハウをお教えしたりしているんですよね。活
動が広がりますね。

博和さん　ブランディングをしたことで、本当にさまざまな力がつ
いたと思います。パッケージデザインもアメリカ、フランス、タイの
方々などに好評でしたし、社員たちとの関係性がよくなったり、会社
としての成長に役立つプロジェクトだったと思います。

選子さん　私たち自身の社員に対する行動も、以前よりオープンに
なりました。例えば海外の取引先ができて、商品を送って、現地でど

んなふうに売られたり喜ばれたりしているか、そういった情報は、社員たちの毎日の業務に直接、関係ないですよね。だから余計な話じゃないかと思って経営陣だけで情報を囲ってしまうようなことも、以前にはあったんです。つくるのはあなたたち、売るのは私たち、という感じで。でも今は、小さなチラシをつくって、会社のいろいろな動きをみんなに伝えています。

博和さん　それぞれ、喜んでくれたり、仕事に張りが出たり、そんなことにつながるかもしれないと思ってやっています。会社との一体感を覚えてもらえたらうれしいですし、自分が働いている会社がニュースで紹介されたとか、海外のお客様に喜ばれているということを知って、誇りに思ってもらえたらいいなと思うんですよね。

長田　ブランディングは、そういった副次作用的な効果がたくさんありますから。会社全体の雰囲気が変わった、社員たちの仕事への取り組み姿勢が変わった、というご感想はよくうかがいます。

博和さん　社員たちもオープンになったように思います。たぶん、社員からすれば私は話しかけづらい相手だと思うんですけれど（笑）、ブランディングを始めてからのこの2年で少し変わってきて、社員のほうから気軽に声をかけてくれたり、ちょっとした失敗を打ち明けてくれたりするようになりました。社員たちと触れ合えるのは楽

しいですし、会社としてもとてもよいことだなと思っているんです。

選子さん　今はまだスタートしたばかりの種をまいている時期で、これから先どうなっていくのかわからないですけれど、挑戦する精神は先代から引き継いだ当社の伝統ですから、社員たちと一緒に楽しみながら頑張っていきたいと思います。

小川さんとともにおこなった「TENOBE INOVATION」は、第一弾のパッケージリニューアルを皮切りに、オリジナルの稲庭うどんつゆの開発、ウェブサイトのリニューアルなど、一歩一歩成長の道を進んでいます。当初の目的であった認知の広がりについても、ブランディング計画でおこなった予測を飛び越え、ものすごいスピードで広がっています。小川さんがこのように現状をブレイクスルーしたもっとも大きな要因は、信念と勇気を持って「伝統の壁」「取引業者（商社）の壁」などを乗り越えてきたからではないでしょうか。また成長への歩みを止めず、大小の挑戦をし続けていることが、大きな成果につながっているように思います。

＊「稲庭うどん 小川」のリニューアルパッケージは、公益社団法人日本パッケージデザイン協会が主催する「日本パッケージデザイン大賞2023」の食品部門において入選しました。

第5章　いかにしてブレイクスルーブランディングは生まれたか？

CROSS TALK
2

つきぢ 松露

～老舗"玉子焼屋"の4代目3兄弟が挑む
新スイーツブランド～

———

社名：つきぢ松露 株式会社　設立：1952年（昭和27年）
本拠地：東京都中央区築地
業態：玉子焼の製造・販売、たまごを主材とした洋スイーツの製造・販売

ブランディングのご依頼内容
＊ 年々顧客の年齢層が上昇しているため、新たに若年層を取り込みたい
＊ 創業100年を迎えるにあたって、新たな市場の創出に挑戦したい

参加者

代表取締役社長
齋藤賢一郎さん
写真｜右

取締役副社長
齋藤修司さん
写真｜左

（取材・撮影： 2021年10月）

「つきぢ松露」さんは、大正13年からお店を構える玉子焼の老舗。初代・斎藤乙松さんが奉公先からの〝のれん分け〟で築地に開いたお寿司屋さん「松露寿司」がルーツです。戦後に初代が焼いた玉子焼が大人気になって、出汁の味を確立した昭和21年に玉子焼専門店となりました。そして二代目・巳代吉さんが有限会社松露を設立。お寿司屋さんや高級料亭へ納める一方、三越銀座店を皮切りに一般の方々にも広く提供し、松露の名が知れ渡るように。三代目・元志郎さんは発想力と探求心を活かし、さまざまな「具入り玉子焼」を開発。代替わりをした今は、3人の息子さんが伝統を受け継ぐとともに、スイーツの新ブランド立ち上げという大胆な挑戦をスタートしています。

イノベーションの原資は
「ブランドの物語」と「挑戦の家風」

長田　松露さんの歴史をたどると、つねに新しい挑戦を重ねて今に
至っていますよね。お寿司屋さんから玉子焼屋さんに事業転換をし
たり、卸専門であったのが百貨店での小売りを始めたり、具入りの玉
子焼を次々と開発したり。それは松露さんのＤＮＡというか、家風の
ようなものなんでしょうか。

賢一郎さん　代々受け継いでいる性分かもしれないですね。ただ、や
みくもに突っ走っているわけではなくて、流れはあるんですよね。
そもそも初代がお寿司屋さんから玉子焼屋へ事業転換したというの
も、戦後はしばらく物資不足、食糧難の時期が続いて、寿司ネタが手
に入らない。そこでヤミのネタをこっそり握って提供するわけです
けれど、大っぴらにできないので、僕らのひいおばあさんがカモフ
ラージュとして（笑）、狭い店先で玉子焼を売ったのが始まりです。

長田　それが評判を呼んだというのは、やっぱり味が素晴らしかっ
たんでしょうね。初代が握ったお寿司も、築地に魚を仕入れにきたお
寿司屋さんの旦那衆が、帰りに寄って食べていくという、プロを唸ら
せる味だったそうですし。

賢一郎さん　頑固にいい味を追求し続けていたんだと思います。

修司さん　先代も先々代も、その世代の人間としてはかなりチャレンジしていたと思います。

長田　今ではあちこちで見かけるようになりましたが、厚焼きにした玉子焼をパンで挟んだサンドイッチは、松露さんが最初に始められたんですよね。その「松露サンド」を考案されたのが先代ですね。登場したときは、意表を突いたメニューだと思いました。

賢一郎さん　これは開発しようとして生み出したものではなくて、家で子どもの頃から食べてきたものを、ちょっと整えて商品化しただけなんです。「これは美味しい」「この美味しさをたくさんの人に味わってほしい」という単純な想いです。でも、飲食業の基本はそういうものだと思うんですよ。

長田　先代のアイデアと探求心はすごいですよね。人気の「具入り玉子焼」も次々と生み出されて。

賢一郎さん　最初は、先々代が始めたんです。あるとき寿司屋の旦那さんから「玉子焼にエビを入れてみてよ」と頼まれたんですが、その旦那さんはエビをすり身にして卵に入れて焼いてほしかったんです

ね。でも先々代はシマエビを煮て、表面にエビの姿が出るように焼いて持っていった。そうしたら、「なんだよ、松露さん、こんなのじゃねぇよ」って文句を言われて（笑）。ところがお店でお客様に出したら「美味い！ エビが入ってるよ！」と感激されたそうです。それで「松露さん、悪いけれど、明日からもこれにしてくれや」ということで、エビ入りの玉子焼が始まったんです。

修司さん　梅干入りの玉子焼は、先代が梅の果肉が中に入っている飴を舐めているときに「あれ？　これ玉子焼にもいけるんじゃねえか？」って思いついて、それが商品になったんです。具入り玉子焼には一つひとつ、生まれたストーリーがあるんですけれど、そのきっかけって、意外とこんな些細なことなんですよ。

〝たまごのプロ〟と〝玉子焼のプロ〟が協働したたまご開発

長田　松露さんの伝統、歴史の中でこだわりが光っているのは、何といってもたまごだと思うんですけれど、唯一の契約農場、都路さんのたまごを40年以上使い続けている、そのきっかけは何だったんですか？

賢一郎さん　昔はいろいろな産地のたまごを寄せ集めて使っていた そうなんです。ところがそれだと黄身の色のバラつきが大きくて、焼 き上がった玉子焼もバラバラの色になってしまう。それで僕らのお じいさんである先々代がたまごについていろいろ調べ始めたんです が、どんな育て方をしているどんな鶏がどこで産んだものなのか、 まったく情報がなかったんです。

修司さん　それで正体のわからないたまごではなく、自分が納得い くたまごを選び抜いてそれを使おうということで、あれこれ探して いるときに都路さんのたまごを紹介してもらったそうです。焼いて みたらすごく美味しかったので、すぐ採用ということになって。

賢一郎さん　実はそのときおじいさんが、まだ2〜3歳だった僕にあ ちこちのたまごを食べさせて、その中で「これが美味しい」って僕が 選んだものが都路さんのたまごだったらしいです（笑）。

長田　すごい大役を果たしましたね。それにしても、先々代はつくり 手の顔が見えるたまごを仕入れて、その時代でもしっかりトレース 管理をしようと思われたんですね。

賢一郎さん　商売を長く続けるには、信用が大事ですからね。しかも 先々代は都路さんにまかせっきりにしないで、一緒に研究していい

味、いい色のたまご作りをしたんです。20年くらい前の話ですけれど、都路さんの敷地内に松露の工場をつくって、焼き上がりの色や出来ばえを毎日確認しながら、餌の配合を変えたり試行錯誤しながらつくっていったそうです。

長田　そのたまごができたからこそ、松露さんがお客様に支持され続けて、今回のスイーツブランド設立という展開につながったわけですよね。

ルーツ、こだわり、職人技など〝埋もれていた松露の資産〟を活かそう

長田　僕が松露さんとおつき合いを始めた頃は、先代が社長でした。でも当時から賢一郎さんたちに任せられている部分も多くて、いろいろ主導的に挑戦されていましたよね。

賢一郎さん　代替わりしていなくても、やるときはやっちゃいますから（笑）。

長田　ブランディングのスタートは、玉子焼の松露さんのホームページとＥＣサイトのリニューアルでした。もともとはクラシカル

な世界観のサイトだったものを、時代を見据えてリニューアルしたいということでしたので、松露さんが大切にされているブランドカラーを基点としながら、洗練された形で伝統のよさを伝えること、それから松露さんにまつわるいろいろなストーリーをしっかり載せたいという点がポイントでした。

賢一郎さん　写真を改めて撮って、デザインも掲載する内容も、コンセプトに沿って決めていただいたので、全体の雰囲気に統一感が出ましたね。それから店の「歴史」「業（わざ）」「素材」「職人」のページができて、かなり充実したと思います。

長田　松露さんは人気の名店で、ブランドの名前と商品は皆さんに知っていただけていると思うんですけれど、僕は会社のルーツやたまごへのこだわり、メニューの開発エピソードなど、一つひとつのストーリーがすごく面白いと思ったんですよ。でも充分にそれが表現されていなくてもったいないと感じて。それで、もっとホームページや冊子に載せて伝えていこうというあたりが、今回の取り組みの中心になりましたね。

〝次の100年〟を見据えて
「若い人々を松露のファンにしたい」

長田 そしてスイーツのセカンドブランドの立ち上げへと進んで
いったわけですが、いちばんの目的は顧客の若返りですよね。

賢一郎さん そうですね。もちろん玉子焼はしっかり守らなければ
いけない部分なんですけれど、では自分たちの世代はどうしていく
べきか、次の100年を見越して考えたとき、やっぱり挑戦が必要だと
思ったんです。玉子焼は年配のお客様を中心に買われていて、ファン
の方々も大勢いらっしゃるんですが、もっと積極的に若い方々を取
り込んでいかなければいけないと。

長田 具体的に何をするかという部分については、スイーツブラン
ドの構想を以前からお持ちだったんですよね。

賢一郎さん 「せっかくいいたまごを使っているわけだし、スイーツ
をやってみようか」っていう考えは前々からあったんです。

長田 築地の老舗の玉子焼屋さんがスイーツブランドを展開すると
いうのは、かなり大胆な企画にも思えるんですが、松露さんとして
は、ごく自然な発想だったんですね。

賢一郎さん　実は先代の頃にも、何度か試してみたことがあるんです。「寿司玉」という魚が入っている玉子焼がありまして、お茶屋さんから「それにちょっと抹茶を入れてみてよ」とリクエストされたり、ちょっと思いついてチョコレートを入れてみたりして（笑）。ただ、あくまでも玉子焼のスイーツ版でしたね。

長田　今回は本格的に商品開発をされて、本当にいい商品ラインナップになりましたよね。名店の「玉子焼屋さんがつくったたまごのスイーツ」という点もしっかり強調されたと思います。

修司さん　美味しいだけで売れる時代ではないですからね。こういう点が大事なんだなと思いました。

賢一郎さん　味だけでなく、玉子焼屋というたまごの専門店ならではのスイーツだ、という部分に納得してもらえれば、しっかり力を持ったブランドに育っていけるでしょうし、僕らとしてはその上で「玉子焼」と「スイーツ」に、それぞれ役割を果たしてもらいたいと思っているんですよ。若い人々に松露を知ってもらう入口としてスイーツ。そして伝統の玉子焼。このふたつが相互に高め合っていけるといいんですけれどね。

長田　そんなご要望を僕なりに解釈して、セカンドブランドのほう

は、かなり思い切ったブランディングのご提案をさせていただきました（笑）。

思いきり攻めた、
セカンドブランド「tsukiji SHOURO」

長田　スイーツブランドの名称は「tsukiji SHOURO」、ロゴマークは「たまご」と「松ぼっくり」の、ダブルミーニングのデザインをご提案させていただきました。松露さんの「松」とこだわりの「たまご」を継承しています。そして店舗については、修司さんから「お寿司屋さんのカウンターを意識してほしい」とご要望がありましたね。

修司さん　もともとお寿司屋さんだったというルーツがありますのでね。商品を入れる対面型ショーケースに、どこかお寿司屋さんの雰囲気が出せればいいかなと思ったんです。

長田　それで形を寿司ネタのショーケースのようにして、木肌の質感も味わえるしつらえにしました。さらにこだわりとしては、お店の壁に、たまごの殻を再利用した素材を使いました。これは見ただけではわかりませんが（笑）。

修司さん 　カウンターの奥、正面の壁につくったアートは、企画として攻めてましたよね。正直いうと、壁一面に動物の絵を描こうって提案されたときは「うーん、動物かぁ」と思って(笑)。でもいろいろ説明していただいて、サンプルも見て納得して「行くべきだ！」となったんですけれど。

賢一郎さん 　描かれている動物のキャラクターが可愛いって、よく言われます。僕らじゃできない仕事です(笑)。

長田 　壁一面を埋めるくらい大きなアートですが、やさしい印象と物語を感じさせるものをつくろうと思ったんです。松露さんなので「松」の木を描いて、枝にはロゴマークになっている〝松ぼっくりたまご〟が吊るされている。そこにウサギやリス、クマ、キツネ、モモンガなど動物が集まっています。ペンギンが枝にしがみついていたりして、実際は松林には生息しない動物もいるんですけれど、絵本のような幻想的な雰囲気になりました。それから彩色していないので、落ち着いた上品なムードにもなっていると思います。

賢一郎さん 　独特な雰囲気に仕上がっていますよね。リアルなんだけれど、でもかわいらしさがあって、ブランドが求めているイメージともすごく合っているし。

長田　修司さんには、細かい修正指示をたくさんいただいて、ディレクションをしていただきました。「ちょっとこのリスの表情は怖いかな」とか（笑）。

修司さん　本当に目の向き、大きさひとつで表情が変わるのでね。可愛すぎても困るけれど、スイーツのいちばんのお客様である女性や子どもに怖いと感じさせたらいけないですよね。

長田　そしてこのアートの周囲、壁の全面を埋めるように、板を斜めに組んだクロス格子を貼って、松ぼっくりのイメージを表現しています。

賢一郎さん　これはできたものを搬入したのでなく、現場で組んだんですよね。長田さんが「現場でやります」「あそこでやらないとできないんです」っておっしゃって（笑）。

長田　そうですね。現場でかなり苦労しましたけれど、その甲斐はあったと思います（笑）。微妙な違いでも、リスの目の表情と同じで、雰囲気がまったく変わってしまうんですよ。でもお店全体の雰囲気も、商品も、目指したイメージが実現できたかなと思います。商品のパッケージにも壁のアートと同じイラストを使っていますし、個性が強く表現できているんじゃないかと。

修司さん　商品は絞り込んで、「玉子焼屋のぷりん」「玉子焼屋の
しゅーくりーむ」「玉子焼屋のみるくせーき」「玉子焼屋のぱんで
ろー」「玉子焼屋のえっぐたると」が中心ですが、アイテムを広げたほ
うがいいのか、絞り込んで勝負したほうがいいのかも、今後は、よく
練らないといけないですね。

長田　商品は基本的にはクラシックな感じで、そこに松露さんらし
さをプラスしたものになっていますよね。プリンは懐かしい感じの
少し硬めの食感で、香ばしいカラメルソースと、マダガスカル産のバ
ニラビーンズの甘い香り。そこに「スープアングレーズ（カスタード
ソース）」をあとがけにして食べるという、たまごを最大限、味わって
もらう商品になっていると思います。

賢一郎さん　「玉子焼屋のぷりん」ですからね。ほかの商品も、たんに
美味しいだけでなく「松露さんらしいね」って言われる美味しさを提
供したいと思っています。

オープン後はメディア露出が増加して、
客層には若返りの兆しも

長田　2021年10月の今はまだ、新型コロナの影響で築地に人が充分

戻っていないと思いますけれど、新ブランドの店舗をオープンして、周りの方々の反応はいかがでしたか？

賢一郎さん　築地の人たちには、すごく綺麗なお店、とびっくりされています（笑）。この辺りにはなかなかないようなお洒落なお店なので。

修司さん　いい意味で浮いていますよね（笑）。とにかく目立ってる。

賢一郎さん　築地にはたくさん仲間がいますけれど、オープンしたら早速、プライベートで商品を買ってくれたり、応援してくれたりしています。みんなからも「この辺りには手土産のお店があまりなかったから助かる」と喜んでもらえたり、店舗が入っているビルのオーナーからも「こういうお店が欲しかったんだよ」と喜んでもらえたり。本当にありがたいですね。

長田　この前、テレビ番組のクルーがきてたっぷり取材されていましたよね。もともと松露さんは玉子焼のほうで、メディア取材が頻繁にありましたけれど。

賢一郎さん　そうですね。ニュース番組や街歩き番組、料理関係の番組、バラエティ番組、それから雑誌取材もしょっちゅう来ていただい

て、以前からありがたい状況ではあったんですけれど、新店舗ができたことで、メディアの露出は確実に上がっていると思います。

長田　お客様の層はいかがですか?

賢一郎さん　オープンしたばかりの頃は、やっぱり以前から玉子焼を贔屓にしてくださっていた方の割合が多かったですね。

修司さん　お馴染みの方には「ああ、松露さんのスイーツなのね」「ちょっと気になる」「一回、食べてみようかな」と思っていただけるみたいで、割と気軽に立ち寄ってくださるんです。

賢一郎さん　そういうお客様がいらっしゃるので、「玉子焼はないの?」って言われることも多くて、片隅に玉子焼も置いているんです。でも最近は一見さんというか、通りすがりの方がちょっと足を止めて「見てみようかな」と寄ってくださるケースがかなり増えました。

修司さん　狙いどおり、客層が広くなってきたかなあ、という感触はあります。あとは、玉子焼もスイーツも本当に美味しいものをつくり続ける。この点がブレないようにしないと、長年のお客様も新規のお客様も、離れていってしまうのでね。

長田　スイーツで松露さんのことを知ったたまご好きの若い方が、松露さんの玉子焼を食べてくださる、という流れも自然にできていくといいですね。ちなみに百貨店、駅構内、量販店など販路のほうはいかがですか？

賢一郎さん　日本橋三越、池袋東武、横浜高島屋をはじめ、立て続けにお声がけをいただいて順調です。ただ、ちょっとジレンマもありまして、例えば百貨店では「玉子焼は総菜売り場」「スイーツはスイーツ売り場」と完全に分けられてしまうんですよ。

長田　まずは「松露さんのスイーツ」と認知してもらうためにも、一緒に並べたいところですよね。棲み分けをするのは先の話として。

賢一郎さん　そうなんです。だから今はご理解いただけるようお願いしたり、あと催事だったら「ちょっと玉子焼も置かせてね」と並べてみたり（笑）。なんとかお客様に伝えていけるよう努力しているところです。

ブランディングで店に力をつけて
〝賑わう築地の街〟を復活させたい

長田　僕はブランディングの視点から松露さんのさまざまな挑戦に関わらせていただいていますけれど、松露さん自身がすごくチャレンジングな方々なので、僕としてもかなり大胆に攻めたご提案ができるんですよね(笑)。すっかり楽しんでお手伝いをさせていただいています。

賢一郎さん　僕らもすごく勉強になってます。これまでは経験とか勘とか、感覚的にしか判断できなかったものを、理論的に考えたり、いろいろな視点で検討してみたり、長田さんに言葉にしてもらえたりすると、意識も変わってきますし、結果も変わってきます。

修司さん　本当にはじめての経験ですからね、自分たち以外の方の力を借りて、新しいことを始めるのは。特にセカンドブランドの設立については、うちの強みを生かして、伝統のよさを消しすぎず、新しさを出すっていうことが使命で、どうやったって自分たちでゼロからできるものではないんです。プロとしての力、それから感覚の相性っていう点でも、よかったと思います。

長田　今後はセカンドブランドの「tsukiji SHOURO」を育てながら、

玉子焼の「つきぢ 松露」と一緒に成長させていくわけですけれど、2024年には創業100周年を迎えますよね。将来的に、目指している目標や意識していることはありますか？

賢一郎さん　築地のみんなと一緒に、街に活気を取り戻したいですね。新型コロナの影響で、買い物を近所ですませたり、なんでも通販で買ったりっていう習慣ができてしまっていますけれど、お客様を呼び戻して賑わっていた築地を復活させたいんですよ。そのためには、「築地にこられないなら、こちらから迎えに行く」っていうのもひとつの方法だなと思って、積極的に催事に参加したり、あと新たな試みとして味の素スタジアムで販売したりしています。

修司さん　3兄弟のもうひとりの弟が、お店のSNSを運用してくれていて、サポーターの方々にも認知してもらえているんです。僕らじゃできないことですね。

長田　今は先代を務めた会長のもと、ご兄弟お三方が会社を回しているわけですけれど、それぞれ個性がすごく豊かですよね。

賢一郎さん　相当タイプが違うので、兄弟っていう感じじゃないですね。僕は立場的なこともありますし、何かにつけ全体のバランスをとる役回りかな。

修司さん　次男の僕は、バランスをとる兄がいる分、自由に動けるんですよ。ただ、無闇に新しいことに突っ走るタイプでもなくて、慎重に確認しながらチャレンジする感じですね。もうひとりの三男は、いちばん細かい性格をしていて、より現場に近い部分で店舗の運営をはじめ会計の部分も担ってくれているんです。僕らが見切れてない細かいところを見てくれて、正直、彼がいなければ回らない。

長田　すごく仲がいいんですよね(笑)。家族経営のよさが凝縮されてるように感じます。それから築地ではご近所同士も絆が深いですよね。

賢一郎さん　江戸っ子ですから、ケンカもしょっちゅうするんですけれどね(笑)。今は昔のように職住一体の街でもなくなってきていて、ここに住んでいる人は減ってしまっています。それは少し寂しいことではあるんですけれど、それでも築地の文化は健在だし、残していかなくちゃいけないと思っています。もちろん個店では限界がありますから、街のみんなと自分たちの店をまず盛り立てて、賑やかで盛況な築地を取り戻していきたいと思っています。

松露さんがブレイクスルーを果たしたポイントは、これまであまり

語ってこなかったさまざまなストーリーの価値を再認識されて、それを革新的な形で表現しようと一歩、踏み出した点ではないかと思います。ブランドの歴史、歴代の社長の奮闘、たまごへのこだわり、磨き上げた職人技、時代に合わせた挑戦の数々——。これらの物語は、かならず多くの人の心に響くと思います。玉子焼、あるいはシュークリームやプリンといったシンプルなアイテムを扱っているからこそ、これらを活かすことが鍵になります。また有名な人気店だからと守りに入るのではなく、つねに前進し続けようと改革意欲を持って歩み続けた経験も、チャレンジの成功を牽引したのだと思います。

CROSS TALK
3

鈴ノ屋

〜元祖「きなこ棒」を生んだメーカーとして
駄菓子の文化を伝え続けたい〜

———

社名：株式会社 鈴ノ屋 ｜ 設立：2011年（平成23年）
本拠地：東京都荒川区南千住
業態：駄菓子「きなこ棒」の製造・販売

ブランディングのご依頼内容
＊ 他社が類似パッケージの商品を販売し始めたことによって、
自社商品のアイデンティティが侵害されているので、顧客が識別できるよう改善したい
＊「きなこ棒といえば鈴ノ屋」「駄菓子といえば鈴ノ屋」と
いわれるようなブランドを確立したい

参加者

代表取締役
宇佐見鈴子さん
写真｜中央

（取材・撮影：　2021年10月）

「鈴ノ屋」さんは、宇佐見鈴子さんが経営する駄菓子製造・販売会社で、「きなこ棒」
を専門に手掛けています。もともと鈴子さんのおじいさん（鈴ノ屋の初代）は紙芝
居屋さんで、紙芝居を読んだ後、子どもたちにきな子棒を売っていました。鈴子さ
んは2011年に〝のれん分け〟によって独立。屋号は変わりましたが、三代目として原
材料を厳選した「身体にいいきなこ棒」を作り、伝統の継承と新たな挑戦に取り組
んでいます。

～元祖「きなこ棒」を生んだメーカーとして駄菓子の文化を伝え続けたい～

長田 鈴ノ屋さんは改革意欲が強くて、僕がお会いするまでの間に独力でさまざまなチャレンジをなさっていたんですよね。中心は販路の開拓ですか？

鈴子さん そうですね。もともとの販路は駄菓子屋さんだったんですけれど、それだけでは足りない、駄菓子屋さん以外にも目を向けなければ、という危機感がありました。駄菓子屋さんの数は年々、減っていきますし、将来的なことを考えると販路を開拓する必要があります。

　ただ、新しいマーケットに目を向けて商品をプロモーションするだけではダメだと思ったんです。例えば「新商品ができたんです、おたくで売ってください」とアプローチするのではなく、その会社が「これなら売ろう」「売りたい」と思うような、その会社に向けた商品をつくる必要があると思いました。それには、既存の商品のボリュームを変えるという方法があります。例えば1袋21本入りの商品と、30本入りの商品。中身は一緒なんですけれど、ボリュームと価格が違う。すると、それぞれ別のお店で売られたり、同じお店でも異なった売り場で売られるんです。

長田　ボリュームや価格の小さな違いでも、顧客は変わってきますからね。販路としてまずはどういうターゲットを考えたんですか？

鈴子さん　最初はスーパーで売りやすい、1袋120〜130円の商品です。次に構想したのが、100円ショップ。100円ショップのとあるチェーンは、コロナ禍の状況でも売上をアップしていましたから、その強さを実感していました。そこでそのチェーン向けの商品をつくろうということになったんです。ほかにも販路の候補はいろいろありましたが、結局この商品が、いちばんウケがよかったんですよ。それでスーパーでもこの価格でいくことにして、商品パッケージのデザインについて再検討しました。

長田　パッケージデザインは長年、同じものを使用されていたんですよね。

鈴子さん　そもそもこのパッケージデザインは、父の代から使っていて、市松模様が縦に配置されていて、レトロなイメージがありながら、ちょっと変わっているんですね。私は小学生の頃からずっと親しんできたんですが、どうしてこのデザインになったかというと、父は関与しないで包材屋さんにすっかりおまかせしてつくってもらったというんです。でも、それを長年使い続けてきたので、お客様にはすでにイメージが根づいていて。

鈴子さん　そんな事情もあって、デザインは従来のものがいいと考えました。そして価格とデザインが決まったところで、さらに何か魅力をプラスできないかな、と考えて実行してみたのが、個包装でした。食べたい分だけ食べられる。持ち運びも気楽にできる。それから誰かにあげやすいですよね。

長田　個包装は確実な需要がありますからね。

鈴子さん　でも、これだけじゃ足りないな、と思って、さらに商品を改良することにしたんです。具体的には、きなこ棒の水飴を少し現代風にアレンジしようと、いろいろ調べて試作をして、少し柔らかい噛み心地にしました。この頃、特に子どもたちにはマシュマロやグミが人気だったんです。食べたときの、おもちのような感触を喜ぶんですね。それで柔らかくするため工夫したんですが、ちょっと攻めすぎて水っぽくなって、べちゃべちゃになってしまった時期もありまして（笑）。今はしっとりした感触とモチモチの噛み心地を意識して、ギリギリのバランスに整えることができたと思います。

長田　鈴ノ屋さんは本当に研究熱心ですよね。あちこち探し回って原材料を選び抜いて、製造方法も試行錯誤を繰り返して、納得いく味や香り、食感を追求する。さらに一般のイメージを打ち破って「カラダにいい駄菓子」を実現している。そうしてできた商品で、販路開拓

に臨んだわけですね。

鈴子さん　そうなんですが、いろいろな企業向けに商品のバリエーションをつくったものの、100円商品がすごく重宝されて、結局、スーパーやコンビニなどでも同じ商品を使うようになりました。この方法が正解なのかどうかはわからなかったですけれど、とにかくやるしかないという思いでした。ただ、少し問題も起きまして——。

「自力の改革には限界がある」と痛感して依頼した
ブレイクスルーブランディング

長田　Facebookを通じて、はじめて連絡をくださったとき、他社さんから「きなこ棒」と類似の商品が発売されて、よく間違われるようになったとおっしゃっていましたよね。他社さんの商品の苦情を鈴ノ屋さんが受けることもあると聞いて、これはお困りだなと思いました。

鈴子さん　パッケージがそっくりでしたのでね。当社の商品だと思い込んで、その商品を買っていらっしゃる方も、少なからずいらっしゃったと思いますので、ウチにとっては深刻な問題です
。

長田 お客様がしっかり識別できるよう、独自性のあるデザインに変えることが優先課題でした。最初にお話をうかがってパッケージを拝見した段階では、ロゴが折り目に入り込んでしまって目立たなかったので、その点はもったいないなと思いましたし、ひと目で鈴ノ屋さんだとわかってもらえるロゴに刷新して、「無添加」をはじめ魅力的なポイントをしっかり伝えられるデザインにしていくといいと思いました。あと、「この市松模様のラインは残したい」とか、「洗練させたいけれど、伝統を壊さず受け継いでいきたい」というはっきりした考えをお話しされていたので、それを踏襲するプランを立てていこうと、大まかに構想していました。

鈴子さん それともうひとつ、この問題が起きるまで、パッケージデザインは従来のものを使うと決めていたんですが、その一方で、商品のイメージを変えたいという想いもあったんです。というのもその頃、ブラックサンダーとか、チロルチョコとか、私からすると小洒落たお菓子が(笑)、あれこれ出てきていて、ウチの商品にも洗練されたイメージが欲しいなと思っていたんです。でも、これまで継承してきたものを壊したくないという気持ちもあって、きっぱりと決断できませんでした。

それで自力でやることに限界を感じて、これはぜひ長田さんに助けていただこうと思いました。

実際にブランディングのプロジェクトが始まってすごく意外だっ

たのは、長田さんはロゴやパッケージデザインのお話を進める以前に、企業カウンセリングのようなことから始められて。

長田 そうですね。ブランドのルーツを掘り下げて、経営者の想いを掘り下げて、ミッション・ビジョンを明確にする。これはブランディングを成功させるため本当に大切なことなんです。とくに鈴ノ屋さんは、お祖父様が紙芝居をしてきた子棒を売っていらっしゃったところから事業が始まったという魅力的なストーリーがありました。それから健康志向が強い今、ブランディングを期に保存料・着色料無添加で身体にいい駄菓子の提供を始めた点も、それを頑固に追及する鈴子さんの想いも、とても魅力的ですから、こういう点がお客様に伝わるよう、進化させていきたいと思っていました。

鈴子さん 私たちの想いについても、言葉になっていない深層まで掘り下げて、そこからロゴやパッケージを生み出すというやり方でしたよね。これはすごく新鮮でした。ワークショップでは長田さんから思いもよらない質問をされるので、私についても商品についても、いろいろな発見があって、自分たちだけでは気づけなかったことを引き出してもらえたように思います。

　あと私の中では、商品が古臭いように感じられて、少し恥ずかしいような気持ちがあったんですよ。でも、それが武器になるということも教えていただいて、受け止め方が変わりました。本当によかったで

す。

長田　ほかにも、「駄菓子屋の存在意義とは何か」を掘り下げたり、自社・競合・顧客の分析をしたり。そうして固まったミッションが「駄菓子の美味しさと文化を伝える〝駄菓子の匠〟」、ビジョンが「カラダによい素材の駄菓子で、元気で真っ直ぐな笑顔を育てる」。鈴子さんの心の奥にある、想いですよね。「はじめてなのに、なつかしい」で始まるブランドメッセージもつくって、たぶんその想いが、よりはっきり心に刻まれたかなと思います。

ロゴで表現する「駄菓子の匠」、
パッケージで伝える「きなこ棒の強み」

長田　ロゴは僕たちがつくらせてもらいましたが、「これしかない」という想いで一点、つくりました。なつかしさと上質さを体現した「駄菓子の匠」らしいロゴであること、それから他社が絶対に真似することができない、鈴ノ屋さんの創業のルーツ、紙芝居をビジュアル化することがポイントでした。

鈴子さん　紙芝居のフレームがロゴになっていて、ひと目見て、これは記憶に残るなと思いました。こればかりは他社さんが真似できな

いですからね。自分たちではその価値に気づけませんでしたけれど。

長田　パッケージについては、以前からいろいろ意見が寄せられていたんですよね。

鈴子さん　「パッケージの上半分に使っている白い色がダメだな」と言われたことがありましたね。売り場に並べたとき、背景と同化してしまって目立たないという意見でした。「きなこのお菓子なんだから、黄色がかった薄いベージュがいいんじゃないか」と言われたんですが、このパッケージは商品の下のほうを透明にして、中身が見えるようになっているんですね。なのでパッケージを薄い黄色にしてしまうと、きなこ棒が白っぽく見えてしまうんです。パッケージが白いからこそ、きなこ棒がいい色に映える。それは大事にしたかったですね。

長田　それで白い色と市松模様のラインはそのままに、新しいロゴを入れて、「国産きなこ」「国産蜂蜜」「保存料無添加」「無着色」などをデザインに加えました。一般的に「駄菓子は着色料を使っている」「保存料など添加物を使っている」というイメージを持っている人が多いので、この点は強い訴求ポイントになりますね。

鈴子さん　父には「子どもたちの体に悪いものは使いたくない」という強い意思があって、ウチは保存料・着色料無添加でいく、という道

筋をつけてくれたんです。私たちもこの想いは守っていこうと思っています。

　実は、麩菓子とかかりんとうとか、素朴なイメージの駄菓子でも、結構、着色料や添加物が使われていて、不使用の商品を探すほうが大変なくらいなんです。これをしっかり伝えるデザインになっているので、お客様にも選んでもらいやすくなったと思います。

長田　そうでしたね。とても重要なポイントでした。

鈴子さん　はい。「駄菓子はカラダに悪いんじゃないか」「子どもに食べさせないほうがいいんじゃないか」っていう印象が強かったお母さんたちにも、しっかりメッセージを伝えることができるパッケージになりました。

　それを思うと、ブランディングをしていただいて本当によかったと思います。私たちだけだと、夢中になって商品を開発して、納得のいくものができあがると、いったん満足してしまいがちなんです。でも長田さんから、その先の「商品をどう伝えるか」がいかに大切かを教えてもらいました。私たちなりに精一杯やっているつもりでしたけれど、実は全然、完成していなかったんですよね。パッケージをツールにしてメッセージを伝えるとか、まったく意識できていませんでした。

「上菓子をつくるように駄菓子をつくる」
職人気質が見せる〝本気のこだわり〟

長田　このほかにも、ブランディングのツールとして紙芝居を企画して、それから同時期に新商品の「抹茶 きなこ棒」を開発されましたね。こちらも相当、こだわったんですよね（笑）。

鈴子さん　それは、もう（笑）。いろいろなスイーツに抹茶を加えるブームが起こって、あちこちからご要望をいただいていたんです。それで試作品をつくり始めたんですけれど、なかなか実現しなくて。実はあるコンビニチェーンで販売するお話が固まりつつあったんですけれど、納得のいく味が実現できていなかったので、心苦しかったのですがお断りしました。

長田　苦心されたのはどういうところだったんですか。

鈴子さん　最初、口に入れたときに抹茶の味わいがあって、しっかり苦みも感じられる。そして最後にきなこの風味が残る、という商品にしようと構想したんですが、抹茶ときなこをまぜる割合をいろいろ試しても、抹茶のいい苦みが出なかったんです。苦心した末、最後に砂糖を入れたら、抹茶の割合はそれほど高くなくても抹茶らしい苦みが感じられるようになりました。それから甘みの調整については

塩の割合を0.1％増やしたら、甘さがグッと引き立つように。

長田　本当に微妙な調整ですね。もともとメイン商品のきなこ棒の原材料も選りすぐりで、鈴ノ屋さんの本気の想いがうかがえます。

鈴子さん　はちみつは国産の品が極端に少ないんですが、北海道の菩提樹のはちみつを使用しています。はちみつの中では最高レベルで希少なものです。きなこもこだわって北海道産のものを使っていたんですが、それでも飽き足らなくなって「とよまさり」というブランドを指定して仕入れています。それを、出荷する日に挽いてもらっているんです。

　さらに黒蜜も、きなこの味を引き立てるように、甘みやえぐみが強すぎない薄い味にしています。この黒砂糖もきなこも本当に良質なものなので、それぞれが風味を食い合わず、お互いを引き立てるよう調合しています。

長田　駄菓子にとびきり希少な原材料を使うという（笑）、本当に贅沢ですね。

鈴子さん　あと原材料は農産物なので、どうしても品質が均一にならなくて、調達したものには出来の良し悪しがあります。質がよくないときは返品したり、ほかのものに交換してもらったりして、できる

だけ商品に影響が出ないようにしています。

長田　サンプルを並べて試食しながら味を微調整していましたね。駄菓子屋さんがそこまで繊細なつくり方をしているとは思わなかったので、拝見して驚きました。

鈴子さん　人工甘味料と着色料と添加物を使ったお菓子なら、つねに同じ味を再現できるんですけれどね。ウチはそういったものを使ってつねに同じ味、同じ品質を実現するよりは、健康的な自然の農作物を使うことを第一に考えているんです。だから日によってほんの少し味が変わってもいいかな、という思いもあります。シーズンによって農作物の味が変わるのは自然なことなので。商品の味のかすかな違いも楽しんでもらえればと思っているんです。

問屋さん、販売店さんを巻き込み 〝とあるスーパーの史上最高の販売数〟を記録

長田　鈴ノ屋さんのこういう強いこだわりが、問屋さんや販売店さんの心に響いて、販売を強力に支援していただけたという一面もありますよね。特にとあるスーパーマーケットの仕入れ担当者さんは、鈴ノ屋さんの「想い」の部分を受け取ってくださって、店長さんや

販売担当の方々に、商品のこだわりについて熱弁を振るって、その熱が伝播していったような感じでしたね。

鈴子さん　本当に有難かったですね。広い販売スペースを用意してくださって、きなこ棒を山のように積んで、売り場に立って試食サービスまでやってくださったんです。おかげ様で、3か月で21万袋が完売、そのスーパーマーケット史上最高の販売数を記録しました。

長田　その企業の社内報にも、特別に鈴ノ屋さんの記事が掲載されましたね。

鈴子さん　そうでした。社内報なので、本来は社内運動会の報告とか、内部の話題を伝えるものなんですね。それなのに私たちが取材を受けて、その記事が「きなこ棒が記録的なヒット」っていう見出しで掲載されて（笑）。社外のメーカーの名前が載ったのは、はじめてのことだったそうです。

長田　あの記事は、うれしかったですよね。

鈴子さん　見守ってくださる方、理解してくださる方がいるというのはとても心強いですし、気持ちの張りになります。きなこ棒のヒットが、そのスーパーマーケットにとっても特別なことだったのはう

れしかったですね。問屋の部長さんとそのスーパーマーケットの社長さんがふたりでガッチリ握手をして、「きなこ棒、売っていきましょう！」と誓い合っているのを見たときは感激しました。

長田　そのスーパーマーケットの社長さんは当初、「今は世間で駄菓子が流行ってるのか」と思っていらっしゃったみたいですね。でも問屋の部長さんが「いえ、我々が流行らせたんです！」と胸を張っておっしゃっていたのが印象的でした(笑)。

鈴子さん　それにしても、この商品はコロナ禍でも強かったですね。皆さん、家にこもっていて、お菓子を食べる機会が多くなったと思うんですけれど、そんな中、少しでも身体にいいものを、と意識されたのかもしれないですね。

　きなこ棒を主食にしてくれている人がいるのかなっていうくらいでした(笑)、たくさん買っていただいて、コロナで気分も沈みがちな中、きなこ棒を食べて笑顔になっていただけたならうれしいですね。

ニュース番組からバラエティ番組まで、殺到したメディア取材

長田　ブランディング後には、取材が殺到しました。ニュース番組で

は「今、駄菓子が再ブーム？」という取り上げ方でしたし、街歩きの番組では駄菓子屋さんの売り場に並ぶきなこ棒が紹介されて、ほかに再現ドラマにも登場しました。

鈴子さん　おかげさまで、メディアでのご紹介がかなり多くありましたので、個人的には、「駄菓子といえば『きなこ棒』」というところまできたのではないかな、とも感じるときもあります。

長田　ブランドを確立して、しっかり価値を伝える仕組みもつくって、認知も広がったと感じています。そうなると今後は、価格を今ほど抑える必要はないと思いますよ。素材へのこだわりを伝えながら、少し金額を上げるという計画についてはいかがですか？

鈴子さん　その点も検討したんですけれど、とある100円ショップで1袋100円という価格が浸透してしまったので、価格を上げづらい状況になっているんですよね。先程のスーパーマーケットでも100円で販売していますし、新商品の「抹茶きなこ棒」も100円なんですよ。

長田　新しい価格層を狙ったパッケージで出すとか、紙芝居つきの商品を出すとか、従来のものとは少し異なった商品を用意する必要がありそうですね。ほかに海外向け商品の開発や、学習塾とコラボレーションして販売するシステムの構築など、チャレンジしがいの

ある企画はたくさんあると思います。

商品が秘めたポテンシャルを開花させて
〝駄菓子屋文化〟を再燃させる

鈴子さん　この商品はカラダによい駄菓子、口にやさしい駄菓子なので、特定の購買層がない、全年齢、性別に向けた商品になっていて、そこが強みのひとつだと思うんです。若い人がレトロなイメージに惹かれて食べてくれたり、年配の方が懐かしい気持ちで食べて「こんなに美味しいんだっけ」と感激してくれたり、健康意識の高い方が身体にいいお菓子として好んでくれたり、いろいろな楽しみ方をしてもらえています。私たちもそんなにポテンシャルがある商品だとは知らなかったんですけれど。でも、まだゴールではないんです。時代も変わっていきますし、ゴールはないものと思っています。ずっと追いかけ続けるしかないんでしょうね。

長田　駄菓子業界は今、本当に難しいですよね。残念ながら廃業される会社もありますし。そんな中、鈴ノ屋さんはどんどん新しいことに挑戦して、ビジネスとしても成長させていて、その秘訣はやっぱりこだわり抜くことなのかな、と思います。

鈴子さん　正直、まだまだ商品に関しても会社に関しても、伸びしろはあると思っているんです。ただ現状、増産するキャパシティがなくて、ほぼマックスの状態なんですね。それで大きな発注に応えられない場面もあるんですが、ここで工場を増設するとか、営業マンを雇い入れるとか、規模を拡大することが今の自分たちにとって正解なのかどうか、悩ましいところです。隅々まで目が行き届かなくなってしまうことに抵抗がありますし、規模が大きくなれば仕事の内容も一介の駄菓子屋でなく、食品メーカーの経営者としての仕事を背負うことになりますから。

　そこまで積極的に会社を大きくしようという気はないんですけれど、もし世の中の方々に必要とされるのであれば、その期待に応えていきたいなという気持ちです。だから今の状況をみると、私は思い切って拡大してもいいのかなとも最近、思っています。時代が変わっていく中、きなこ棒も、駄菓子屋文化も廃れさせない。そのことに使命感のようなものも感じているんです。

長田　駄菓子屋さんの文化を絶やさないために、もしかしたらきなこ棒以外の駄菓子を鈴ノ屋さんが将来的に担っていく、という道もあるかもしれません。それと鈴ノ屋さん直営の駄菓子屋さんができるといいですね、全国展開のチェーン店で（笑）。

鈴子さん　駄菓子屋さんは本当につくりたいですね！　少し先の、私

たちの目標です。

　鈴ノ屋さんがブレイクスルーした最大のポイントは、「想い」を発信するために一歩を踏み出したことかもしれません。「カラダによい駄菓子」という、一般的な概念をくつがえす素晴らしい商品は、ブランディング後、原材料にも製法にも徹底的にこだわり抜いて、多くの方々から支持される商品となりました。あとはただそれを広く伝えるアクションに出ればよいだけだったのですが、謙虚で奥ゆかしい方なので、そういった長所を隠してしまう傾向がありました。その気持ちを吹っ切って、胸を張って自社商品の素晴らしさを訴えたことが、目の前に控えていた成功を手に入れることにつながったのかもしれません。

＊この「鈴ノ屋『きなこ棒』プロジェクト」は、(財)ブランドマネージャー認定協会が主催する、ブランディング公開シンポジウムのブランディング事例コンテストで、優秀賞を受賞しました。

おわりに

　最後まで読んでいただき、ありがとうございました。本書のノウハウが少しでもお役に立てば嬉しいです。
　最後になぜ、デザイナーだった私がブランディングに関わることになったのかについてお話しさせてください。

　広告会社に入社当時、人の目をひくポスターや販促物はどうやったらつくれるか？　というデザインの技術を高めることばかり考えていました。しかし、次第に違和感を覚えるようになりました。
　自分がデザインしたポスターや販促物は一定期間で撤去されるけれど、企業の未来にどれだけ役に立っているのか？
　企業がこれから50年、100年と続くためにどれだけ貢献することができているのか？
　そんな疑問が自分の中で大きくなっていったのです。そこで、経営の勉強を始めました。
　多くのデザイナーは、美術大学、美術専門学校にいき、広告会社、デザイン会社に行くようなルートが多く、デザインはビジネスに深く関わるはずなのに、美術系の学校では、経営学を学ぶ授

業や環境はほとんどありません。

　そのため、私もデザイナー1年目のときは、お客様に自分がつくったデザインがその会社にどのように機能し、効果を見込めるか、うまく説明できませんでした。

　そのようなデザイナーの環境を考えたときに、経営の知識を身につけることで、「経営×デザイン」という独自のスキルを身につけられるのではないか、そして自分が抱えるモヤモヤとした疑問を解消できるのではないかと考え、経営学、企業経営理論、経営法務などをスクールで学んでいきました。正直、会社では相当浮いていたと思います。

　経営の勉強をする中で、ブランディングという概念と出合ったのが、私のターニングポイントとなりました。

　この考え方であれば、デザインの力で企業を成長させられる、と確信したのです。モヤモヤとした感情が晴れた瞬間でした。

　私が独立してからは、特に中小企業の支援にやりがいを感じるようになりました。日本には知られていないけれど、素晴らしい会社がたくさんあります。その多くはまだまだブランドの力を活用しきれてないと感じ、「もったいないな」と感じることも

少なくありません。

　本書では、私が今まで試行錯誤してたどり着いたブレイクスルーブランディングの全てをお伝えしてきました。特に伝えたかったのは、頑張っている中小企業はブランディングでもっと輝ける、ということです。

　繰り返しになりますが、日本企業のブランディングがうまくいかない理由は、推進する企業の、「対話」が足りていないことです。日本は「空気を読む文化」と言われることがありますが、ブランディングプロジェクトは「社員は言わなくてもわかってくれる」「部下が頷いてたから大丈夫だろう」など、対話がないまま進んでしまうケースも多く見かけます。空気を読むのは素晴らしいことですが、ブランディングにおいては「どうしても途中で頓挫してしまう」「思ったように売れない」「熱が入らない」など、必ず壁にぶつかります。その壁を対話せずに壊すのは難しいと実感しています。

　また、「流行りに乗ったかっこいいデザインにすれば、売れる」という考えも、現在通用しなくなりつつあります。デザインされることが当たり前になった今、見た目だけカッコいい商品

は、顧客に届かなくなっています。**誰がどんな想いでこの商品を****つくったのか？ が特に求められる時代です。**だからこそ、想いをデザインにまで落とし込む必要があるのです。ブランディングは、企業と顧客が対話することにほかなりません。企業の想いが伝わるから、信頼につながるのです。

　今は、かつてないくらい企業に対話が求められている時代なのだと思います。そんな想いから、私たちの会社は、ビスポークという社名をつけました。

「Be spoke」　対話という社名です。

　日本の中小企業が、対話を通じて、目指したいビジョンに向かってさまざまな壁をブレイクスルーすることを心から願っています。ブレイクスルーした企業は、業界内で注目を集め、やりたいことを前向きに実現していきます。本書でご紹介してきた企業の皆さんは、まさにその状態です。

　今、私がやりたいと思っていることは、業界内注目の企業同士のコラボレーションにより、新たなイノベーションを生み出す

ことです。実際に今何人かと対話を始めているところです。全
国各地にブレイクスルーした企業が続々と生まれ、コラボレー
ションをすることによって最終的に日本が元気になれば、これ
以上嬉しいことはありません。

　本書の制作には、三代目小池精米店の小池理雄さん、鈴ノ屋の
宇佐見鈴子さん、稲庭うどん小川の小川博和さん、小川選子さ
ん、つきぢ 松露の齋藤賢一郎さん、齋藤修司さん、honshokuの
平井巧さん、りんごの木の島田良さん、梶川建設の梶川光宏さん
など多くの方にご協力いただきました。また、Shubiduaの三浦
佑介さんにはデザインを担当していただき、安田健一さん、佐藤
大輔さん、小林 耕輔さん、平手敦さん、近野潤さん、狩谷俊介さ
んに本のキャッチコピーやデザインにアドバイスしていただき
ました。推薦をいただいた一般財団法人ブランド・マネージャー
認定協会 代表理事 岩本俊幸さんには、ブランディングを学び
はじめたころから、多くのことを教えていただきました。本当に
ありがとうございました。本書のノウハウは、多くの経営者やス
タッフの方々との対話から生まれたものです。いつも対話に付
き合ってくれる針谷誠児さん、大学の恩師である福島治さん、そ

して支えてくれる家族には感謝しかありません。本書をきっか
けに、新たな対話が始まったらいいなと切に願っております。最
後まで読んでいただき、ありがとうございました。

株式会社ビスポーク　長田敏希

ブックデザイン・イラスト・図版
三浦佑介

DTP
荒好見　内山瑠希乃

校正
株式会社 RUHIA

［著者略歴］

長田敏希（おさだ・としき）

株式会社ビスポーク代表取締役。ブランドコンサルタント、クリエイティブディレクター。広告代理店勤務を経て、チームビルディング、ブランディングを核に、多角的にソリューション提案を行うコンサルティング企業、株式会社ビスポークを設立。クライアントとの丁寧なヒアリング（対話）を重視しながら、組織の理念作成からBI（ブランド・アイデンティティ）開発、内外に向けたクリエイティブ開発まで、クライアントが対面している状況、市場環境を加味し、企業に合わせた隅々までフィットするコンサルティングを提供する。世界三大広告賞のカンヌライオンズ、The One Showをはじめ、D&AD、NY ADC、iFデザイン賞、グッドデザイン賞、毎日広告デザイン賞など国内外の受賞歴多数。
大学・企業・自治体での講演やセミナーも数多く行う。
一般財団法人ブランド・マネージャー認定協会1級資格者
https://bespoke-inc.jp/

ブレイクスルーブランディング

2023年6月11日　初版発行

著　者　　　長田敏希

発行者　　　小早川幸一郎

発　行　　　**株式会社クロスメディア・パブリッシング**
　　　　　　〒151-0051 東京都渋谷区千駄ヶ谷4-20-3 東栄神宮外苑ビル
　　　　　　https://www.cm-publishing.co.jp
　　　　　　◎本の内容に関するお問い合わせ先：TEL（03）5413-3140／FAX（03）5413-3141

発　売　　　**株式会社インプレス**
　　　　　　〒101-0051 東京都千代田区神田神保町一丁目105番地
　　　　　　◎乱丁本・落丁本などのお問い合わせ先：FAX（03）6837-5023
　　　　　　　service@impress.co.jp
　　　　　　※古書店で購入されたものについてはお取り替えできません

印刷・製本　　**株式会社シナノ**

©2023 Toshiki Osada, Printed in Japan　　ISBN978-4-295-40825-3　　C2034